NOUVEAUX HORIZONS GOURMANDS

Wok

SOLAR

Sommaire

Une infinie variété de recettes
Les ingrédients typiques

La cuisine asiatique est variée et saine si l'on considère ses ingrédients traditionnels : beaucoup de légumes frais, peu de viande, du poisson maigre et une diversité infinie d'épices, de pâtes et de sauces plus ou moins fortes, aux senteurs raffinées. La plupart des plats s'accompagnent de nouilles ou de riz cuit à la vapeur. Le riz parfumé thaïlandais et le riz gluant japonais sont les plus prisés. Quant aux nouilles à la farine de riz, il est inutile de les faire cuire : il suffit de les faire gonfler, quelques minutes, dans de l'eau chaude. La cuisine d'Extrême-Orient attire de plus en plus d'amateurs, on trouve maintenant la plupart des herbes, épices, légumes et autres ingrédients nécessaires à la cuisine au wok dans les supermarchés bien approvisionnés. Pour les ingrédients plus exotiques ou rares, il faut aller dans les magasins spécialisés. Tous les ingrédients doivent être le plus frais possible. La cuisson dans un wok permet de conserver la plupart des vitamines. Et qui a déjà employé de la citronnelle ou du gingembre frais les préférera dorénavant à leur version séchée ou moulue. Les arômes frais ont un goût inégalable et contribuent à la qualité des plats. Il n'y a pas que les recettes d'Extrême-Orient qui se prêtent à la cuisson au wok. Tout ce qui se cuit à la poêle peut être cuit au wok. Ce mode de cuisson préserve les qualités gustatives des aliments.

1

LES PETITS OIGNONS NOUVEAUX (à gauche) ont une saveur douce et délicate. Leur partie verte est parfois utilisée dans la cuisine au wok.

1 **LES PIMENTS**, parents épicés des poivrons, donnent leur piquant aux plats exotiques. Verts avant leur maturité, ils sont rouges une fois mûrs. Souvent, plus les piments sont petits, plus ils sont forts.

2 **LA CITRONNELLE** est une plante de type jonc dont on n'utilise que la partie inférieure, tendre, juste au-dessus de la racine. Les mets qu'elle assaisonne prennent une saveur et un parfum citronnés et légèrement pimentés.

2

3 **LE VINAIGRE DE RIZ**, en raison de sa faible teneur en alcool (3 %), est plus doux que le vinaigre de vin.

4 **LES CHAMPIGNONS SHIITAKE**, ou champignons tongu, ont un arôme intense. On en trouve toute l'année.

5 **LE RIZ BASMATI** est le plus noble des riz à grains longs. Connu sous le nom de riz parfumé, il a un goût fin, un arôme typique ; délicieux sauté.

6 **LA CORIANDRE** est très employée dans la cuisine asiatique. Les feuilles s'utilisent comme le persil.
Les racines, moulues ou hachées, ont une saveur plus intense.
Les grains ont un arôme doux et fleuri.

7 **LE TOFU** est un aliment de base en Asie. Produit à partir de lait caillé de haricots mungo (soja), il est riche en protéines et pauvre en cholestérol. Comme son goût est très doux, il faut bien l'assaisonner.

3

4

5

6

LES POUSSES DE BAMBOU sont les jeunes rejets du bambou. On les coupe comme les asperges lorsqu'elles atteignent environ 30 cm de long. En Europe, on ne les trouve qu'en conserve.

7

LA SAUCE HOISIN est utilisée pour les plats de viande et de volaille. Sauce épaisse, elle est fabriquée avec du soja, de l'eau, du vinaigre, du sucre, de l'ail, du piment et des graines de sésame.

LE GINGEMBRE, en poudre ou frais, épicera vos plats d'une saveur fruitée et un peu piquante ou d'une force brûlante.

LES FEUILLES DE CITRONNIER KAFFIR
Très odorantes, d'un vert sombre et brillant, elles sont portées par un arbre qui produit des citrons verts.

LES NOUILLES asiatiques sont fabriquées à partir de blé, de sarrasin ou de farine complète. Les nouilles de riz et les vermicelles à base d'amidon de haricots mungo sont une spécialité.

L'HUILE DE SÉSAME est obtenue par pression des graines de sésame, au petit goût de noisette ; elle sert à aromatiser.

LA SAUCE SOJA est considérée comme l'épice universelle de la cuisine asiatique. Les sauces foncées et salées sont très appréciées. Pour les plats au poisson et aux légumes, préférez les variantes plus claires et plus douces.

LES WAN-TAN, originaires de Chine, sont des carrés de pâte fabriqués avec de la farine de blé et des œufs. On les trouve au rayon surgelés des magasins spécialisés en produits asiatiques.

Pas à pas

Conseils et tours de main

Les cuisiniers amateurs et professionnels s'accordent tous sur le talent universel du wok : qu'il s'agisse de faire cuire, rôtir, cuire à la vapeur, mijoter, braiser, sauter ou frire, le wok s'impose. Cette large poêle évasée convient à presque tous les aliments. Les woks traditionnels sont en fer ou en acier embouti. Leur variante moderne est en fonte d'aluminium dans laquelle la chaleur se répartit bien régulièrement. Le wok convient mieux au gaz qu'à l'électricité. Pour les plaques de cuisson électriques, il vaut mieux avoir un wok au fond aplati assurant une meilleure tenue et une meilleure conductibilité thermique. La plupart des woks ont un diamètre compris entre 32 et 40 cm. Préférez les grands modèles, car ils permettent aussi de cuire des portions individuelles sans problème et bien plus rapidement que dans un petit wok. Il faut un couvercle pour cuire à la vapeur ou braiser. Une spatule à wok est également très pratique pour faire sauter des aliments, ainsi qu'une grille à égoutter que l'on peut accrocher au bord du wok. Il faut en outre une brosse en bambou pour nettoyer le wok s'il est en acier.

Cuisson à la vapeur - quelques conseils

1 Placez 4 baguettes de bois dans le fond du wok pour former un quadrillage. Posez dessus le panier vapeur en bambou.

2 On peut éventuellement remplacer les baguettes par une sous-tasse ou une petite coupelle retournée.

3 Posez le panier vapeur sur le quadrillage formé par les baguettes ou sur la coupelle.

4 Remplissez un tiers du wok avec de l'eau. Couvrez et portez à ébullition.

5 Déposez les aliments à cuire dans le panier en bambou et couvrez.

6 À défaut de panier vapeur, posez une assiette sur le quadrillage formé par les baguettes.

Cuisson à l'huile

1 Faites chauffer le wok, versez-y de l'huile et répartissez-la dans le fond. Faites revenir l'ail et l'oignon ou d'autres condiments.

2 Ajoutez les légumes et la viande coupés le plus régulièrement possible en commençant par les légumes fibreux ou durs.

3 Remuez constamment en ramenant les légumes les plus cuits sur le côté. Une cuisson à feu vif préserve leur couleur et leur saveur.

4 Mélangez la sauce et les épices dans une coupelle, puis arrosez les légumes en versant progressivement la sauce et mélangez.

Préparer les piments

1 Coupez les piments en deux sur la longueur, coupez la base de la tige, retirez les pépins et les cloisons blanches entre les lobes. Rincez et laissez-les égoutter.

2 Coupez les demi-piments en rondelles. Pensez à vous laver les mains, les piments sont très forts.

Préparer les wan-tan

1 Séparez les feuillets de wan-tan, placez-les côte à côte sur le plan de travail et laissez-les décongeler. Badigeonnez le haut et le côté gauche de blanc d'œuf.

2 Déposez une cuillerée de farce (légumes, viande ou crevettes) au centre du feuillet.

3 Repliez le feuillet en diagonale, de la gauche vers la droite ou saisissez chaque angle, rentrez les plis et pincez en tournant pour former une aumônière.

4 Appuyez sur les angles pour souder la pâte. Les wan-tan se cuisent à la vapeur, dans un bain de friture ou dans la soupe.

Légumes

Wan-tan à la vapeur
aux épinards

Un classique de la cuisine asiatique facile à préparer : les bouchées sont garnies d'une farce aux épinards subtilement épicée.

Ingrédients

200 g d'épinards (surgelés)
20 feuilles de wan-tan (surgelées)
4 champignons
2 oignons blancs
50 g de pousses de bambou (en conserve)
1 cuill. à café de gingembre frais râpé
1 gousse d'ail
1 cuill. à café de Maïzena
2 cuill. à café d'huile de sésame
Sucre
Sel · Poivre du moulin
Feuilles de salade

Préparation

POUR 4 PERSONNES

1 Faites décongeler les épinards, pressez les feuilles pour en extraire l'eau et hachez-les finement. Faites décongeler les feuilles de wan-tan 30 minutes sous un linge humide.

2 Essuyez les champignons avec du papier absorbant, parez les oignons, hachez-les menu. Égouttez les pousses de bambou dans une passoire puis coupez-les en dés.

3 Mélangez les champignons, les oignons, les pousses de bambou et le gingembre râpé. Ajoutez la gousse d'ail finement hachée, la Maïzena et 1 cuillerée à café d'huile de sésame, et mélangez. Assaisonnez avec du sel, du poivre et une pincée de sucre.

4 Déposez 1 cuillerée de farce au centre du wan-tan. Refermez chaque feuillet en formant des plis et pincez légèrement, la farce doit rester visible dans le haut de l'aumônière.

5 Faites bouillir 1/4 à 1/2 litre d'eau dans le wok. Posez les feuilles de salade préalablement lavées dans le panier en bambou. Arrangez les aumônières sur le lit de salade, couvrez le wok et faites cuire les aumônières 10 minutes à la vapeur. Arrosez-les d'un filet d'huile de sésame et servez.

Astuce

Les wan-tan, carrés de pâte à la farine de blé et à l'œuf, sont en vente au rayon surgelés des épiceries asiatiques. Prélevez la quantité nécessaire et conservez le reste au congélateur.

Wan-tan frits
aux légumes et noix de coco

Un grand moment de plaisir partagé : sous la croûte dorée de ces petites bouchées se cache une délicieuse farce piquante.

Ingrédients

20 feuilles de wan-tan (surgelées)
2 oignons blancs frais
1 carotte
150 g de maïs doux
75 g de noix de coco fraîche
5 cuill. à soupe de sauce soja
Poivre du moulin
Huile de friture

Préparation

POUR 4 PERSONNES

1 Couvrez les feuilles de wan-tan avec un linge humide et faites-les décongeler 30 minutes.

2 Pendant ce temps, parez et lavez les oignons, puis coupez-les en rondelles très fines. Grattez et râpez la carotte. Versez le maïs dans la passoire, rincez-le et laissez-le égoutter.

3 Râpez la noix de coco dans un saladier, ajoutez les oignons, la carotte et le maïs, assaisonnez avec du poivre et de la sauce soja, et mélangez.

4 Déposez 1 grosse cuillerée à café de farce au centre de chaque wan-tan. Badigeonnez les bords de la feuille avec un peu d'eau. Refermez chaque feuillet en formant des plis et pincez légèrement l'aumônière en tournant.

5 Faites chauffer l'huile de friture dans le wok et faites dorer les aumônières les unes après les autres. Retirez-les avec une écumoire et égouttez-les sur du papier absorbant.

Variante

Pour changer, préparez une farce à la tomate : pelez et épépinez 300 g de tomates, hachez la chair, ajoutez 125 g de mozzarella coupée en dés, de l'ail, du basilic, du persil, du sel et du poivre.

Rouleaux de printemps
aux légumes chinois

Ingrédients

25 g de nouilles de riz
10 g de champignons mu-err déshydratés
14 galettes de riz (surgelées)
150 g de chou chinois
1 noix de gingembre · 1 carotte (coupée en fines lamelles)
1 botte d'oignons blancs (découpés en rondelles)
1 bouquet de ciboulette (découpée en rondelles)
1 à 2 cuill. à café d'huile de sésame
Sel · 1 cuill. à soupe de Maïzena
Huile de friture

Préparation

POUR 4 PERSONNES

1 Versez les nouilles et les champignons dans un saladier, recouvrez-les d'eau bouillante et laissez-les gonfler 15 minutes. Faites décongeler les galettes de riz.

2 Parez et lavez le chou et coupez-le en lamelles. Pelez et hachez le gingembre. Égouttez les nouilles puis coupez-les en morceaux de 2 cm de longueur. Égouttez et émincez finement les champignons, jetez les pieds s'ils sont trop durs. Mélangez le chou, la carotte, les oignons et la ciboulette, avec les nouilles, les champignons et le gingembre. Assaisonnez avec l'huile de sésame et du sel. Partagez les galettes de riz en deux. Diluez la Maïzena avec 1 cuillerée à soupe d'eau.

3 Déposez un peu de farce sur chaque morceau de galette. Repliez les bords sur la farce et, avec un pinceau de cuisine, badigeonnez-les de fécule diluée. Roulez les galettes en appuyant pour souder la pâte.

4 Faites chauffer l'huile de friture dans le wok et faites dorer les rouleaux 2 à 3 minutes l'un après l'autre. Épongez-les sur du papier absorbant et gardez-les au chaud dans le four.

Raviolis vapeur

au soja

Ingrédients

2 petits oignons nouveaux

1/2 poivron jaune

1 piment rouge

1 gousse d'ail

50 g de germes de soja

2 cuill. à soupe d'huile de sésame

8 cl de sauce soja

200 g d'amidon de blé

Farine pour le plan de travail

25 g de gingembre confit

Préparation

POUR 4 PERSONNES

1 Parez et lavez les petits oignons et le demi-poivron, puis coupez-les en dés. Lavez, épépinez le piment et hachez-le menu. Épluchez la gousse d'ail et hachez-la finement. Mettez les germes de soja dans une passoire, rincez-les à l'eau froide, égouttez-les et hachez-les grossièrement.

2 Faites chauffer l'huile dans le wok. Faites sauter le soja, les petits oignons, les dés de poivron, le piment et l'ail pendant 2 minutes. Assaisonnez avec un peu de sauce soja et laissez refroidir.

3 Posez l'amidon sur une planche, ajoutez peu à peu de l'eau bouillante en pétrissant jusqu'à obtenir une pâte bien lisse.

4 Partagez la pâte en 12 boules. Abaissez chaque boule en un cercle de 10 cm de diamètre environ. Mettez la farce au milieu des cercles. Repliez les cercles de pâte en insérant les plis de pâte les uns dans les autres du côté de la soudure. Posez ces raviolis dans la corbeille de bambou ou l'accessoire de cuisson à la vapeur et faites cuire pendant 10 minutes. Mélangez le gingembre confit et la sauce soja restante. Servez cette sauce en accompagnement.

Fagots d'épinards
à la sauce au curry

Un régal vous attend : délicieux petit mélange de légumes croquants gracieusement dissimulé dans un manteau d'épinards.

Ingrédients

4 feuilles de citronnier
400 g d'épinards en branches
1 courgette · 2 carottes
4 asperges vertes ou blanches
1 botte d'oignons blancs
1 bulbe de fenouil
Poivre du moulin
Quelques brins de ciboulette (à défaut du fil de cuisine)
Sel · 2 gousses d'ail
1 bouquet de basilic
1 cuill. à soupe de jus de citron
2 cuill. à café de pâte de curry rouge
2 cuill. à soupe de lait de coco non sucré

Préparation

POUR 4 PERSONNES

1 Lavez les feuilles de citronnier et coupez-les en petits morceaux. Parez les épinards, retirez les grosses tiges et lavez les feuilles. Faites-les blanchir à l'eau bouillante salée puis égouttez-les dans une passoire. Étalez les feuilles sur le plan de travail.

2 Parez et lavez les légumes. Découpez la courgette et la carotte en bâtonnets, les asperges et les oignons en tronçons de 5 à 6 cm. Coupez le fenouil en quartiers. Posez les légumes et le hachis de feuilles de citronnier sur les feuilles d'épinards, salez et poivrez. Roulez et nouez les feuilles d'épinards avec un brin de ciboulette.

3 Épluchez et hachez finement la gousse d'ail. Lavez et secouez le basilic pour le sécher, effeuillez les tiges. Versez le basilic et l'ail dans le wok. Mouillez avec $1/4$ de l d'eau et le jus de citron et portez à ébullition. Déposez les rouleaux dans le panier en bambou, couvrez le wok, et faites-les cuire 15 minutes.

4 Gardez les rouleaux d'épinards au chaud. Retirez les tiges de basilic du wok, ajoutez le lait de coco et le curry en pâte, salez et faites mijoter la sauce. En fin de cuisson, ajoutez les feuilles de basilic. Servez les rouleaux d'épinards nappés de sauce.

Variante

Vous pouvez varier la farce aux légumes selon votre humeur ou selon la saison. Confectionnez des rouleaux avec du chou chinois pak-choi, des lamelles d'ail frais, du radis noir.

Tempura de légumes
et sauce à la papaye

Ingrédients

500 g d'asperges vertes
200 g de champignons shiitake
1 poivron rouge · 1 piment rouge
40 g d'oignons blancs
6 brins de ciboulette
1 papaye (de 400 g env.)
3 à 4 cuill. à soupe de sauce soja claire
3 à 4 cuill. à soupe de jus de citron vert
Sucre · 150 g de farine
1 sachet de levure chimique
1 cuill. à soupe de sauce soja brune
1 œuf · Huile d'arachide

Préparation

POUR 4 PERSONNES

1 Versez 20 cl d'eau dans un gobelet et placez-le 20 minutes au congélateur. Pelez et lavez les asperges, jetez la partie dure et coupez la partie tendre en morceaux de 8 cm. Frottez les chapeaux des champignons avec du papier absorbant. Parez, lavez et émincez le poivron.

2 Fendez le piment en deux dans le sens de la longueur, retirez les graines, lavez et hachez finement la chair. Parez, lavez et émincez les oignons. Rincez et secouez la ciboulette pour la sécher puis hachez les brins.

3 Partagez la papaye dans la longueur, épépinez-la, pelez-la. Découpez la chair en dés et mélangez-la avec la sauce soja claire et le jus de citron. Ajoutez piment, oignons frais, ciboulette, pincée de sucre, et mélangez la sauce.

4 Délayez l'œuf avec l'eau glacée et la sauce soja brune. Mélangez la farine et la levure dans un saladier, ajoutez l'œuf dilué et remuez pour obtenir une pâte liquide et lisse. Faites chauffer de l'huile d'arachide dans le wok (2 cm). Enrobez les légumes de pâte à frire, plongez-les 5 minutes dans la friture. Égouttez-les sur du papier absorbant. Servez-les avec la sauce à la papaye.

Bouchées de tofu
au beurre de citron vert

Ingrédients

2 citrons verts non traités
3 cuill. à soupe de sauce soja claire
1 cuill. à café rase de poivre moulu
1 cuill. à café rase de sucre
400 g de tofu frais
100 g de beurre
4 cuill. à soupe d'huile

Préparation

POUR 4 PERSONNES

1 Lavez et essuyez les citrons verts. Râpez finement l'écorce d'un citron vert. Coupez les deux citrons verts en deux et pressez-les.

2 Préparez une marinade avec la sauce soja, le poivre, le sucre et les trois quarts du jus de citron en mélangeant jusqu'à dissolution complète du sucre.

3 Coupez le tofu en tranches de 1 cm d'épaisseur et badigeonnez-les de marinade des deux côtés. Laissez mariner pendant 15 minutes.

4 Battez le beurre en pommade. Incorporez, cuillerée par cuillerée, le zeste de citron vert râpé et le jus de citron restant.

5 Faites chauffer le wok à feu vif et versez-y l'huile. Faites dorer les tranches de tofu des deux côtés.

6 Laissez fondre le beurre de citron vert sur les tranches de tofu rôties. Retirez les bouchées de tofu du wok et dressez-les immédiatement sur un plat préchauffé. Parsemez à votre gré de poivre grossièrement moulu.

Légumes asiatiques
au tofu

Des effluves s'échappent du wok et vos amis commencent à saliver : les petits légumes sautés agrémentés de tofu frit sont prêts.

Ingrédients

100 g de champignons shiitake
100 g de pleurotes
100 g de champignons de Paris
2 poivrons (1 rouge et 1 jaune)
300 g de chou chinois
100 g de châtaignes d'eau
150 g de tofu
Sel · 1 gousse d'ail
1/2 cuill. à café de pâte de curry
1 cuill. à soupe de vinaigre de riz
2 à 3 cuill. à soupe de sauce soja claire
2 cuill. à soupe d'huile de sésame
Huile d'arachide
1 cuill. à café de Maïzena
7,5 cl de bouillon de légumes
5 cuill. à soupe de farine de maïs

Préparation

POUR 4 PERSONNES

1 Frottez les chapeaux des champignons. Hachez les pieds des shiitake et partagez les chapeaux en deux. Émincez les pleurotes et coupez les champignons de Paris en deux. Parez et lavez les poivrons et le chou chinois. Émincez les poivrons et coupez le chou en grosses lanières. Égouttez les châtaignes d'eau et coupez-les en deux. Rincez et épongez le tofu, puis coupez-le en tranches de 1/2 cm d'épaisseur. Épluchez et hachez l'ail.

2 Diluez le curry dans 3 cuillerées à soupe d'eau bouillante et remuez pour obtenir une pâte homogène. Assaisonnez avec le vinaigre de riz, la sauce soja et du sel. Arrosez le tofu et laissez-le mariner.

3 Faites chauffer l'huile de sésame et 2 cuillerées à soupe d'huile d'arachide dans le wok. Faites revenir les champignons, ajoutez le chou, le poivron, les châtaignes d'eau et l'ail et faites sauter les légumes 2 minutes sans cesser de remuer.

4 Égouttez le tofu et réservez la marinade. Délayez la Maïzena avec la marinade. Versez le bouillon de légumes et la marinade dans le wok et laissez mijoter quelques instants. Retirez les légumes et gardez-les au chaud.

5 Essuyez le wok avec du papier absorbant et faites-y chauffer de l'huile d'arachide. Versez la farine de maïs dans une assiette creuse, roulez les morceaux de tofu dans la farine et faites-les dorer dans l'huile. Épongez-les sur du papier absorbant et mélangez-les avec les légumes.

Œufs brouillés
aux champignons chinois

Effet garanti : de simples œufs brouillés se transforment en un tour de main en une entrée exotique, piquante et raffinée.

Ingrédients

3 morilles séchées
3 champignons shiitake séchés
1 petit piment rouge
10 g de gingembre frais
2 petits oignons blancs
2 brins de coriandre
4 œufs
2 cuill. à soupe de sauce soja
Poivre du moulin
1 cuill. à café d'huile d'arachide
1 cuill. à café d'huile de tournesol

Préparation

POUR 4 PERSONNES

1. Mettez les champignons séchés dans un saladier et recouvrez-les d'eau très chaude. Laissez-les gonfler 15 minutes.
2. Lavez, épépinez le piment et coupez-le en fines lamelles. Épluchez le gingembre et hachez-le très fin. Parez et lavez les petits oignons blancs et coupez-les en fines lamelles. Lavez et séchez la coriandre, puis détachez les feuilles.
3. Faites égoutter les champignons et coupez-les en morceaux. Battez les œufs et incorporez la sauce soja, le poivre et l'huile d'arachide.
4. Faites chauffer le wok et versez-y l'huile de tournesol. Faites sauter rapidement les champignons, puis ajoutez les autres ingrédients, à l'exception des œufs, et mélangez avec les champignons. Versez les œufs battus et laissez cuire jusqu'à ce qu'ils commencent à prendre. Repoussez la masse prise sur les bords du wok.
5. Dressez les œufs brouillés dans des petits bols ou sur des assiettes préchauffées, parsemez de coriandre hachée et servez.

Astuce

Vous pouvez bien sûr aussi préparer les œufs brouillés avec des champignons frais. Ne les lavez que s'ils sont particulièrement sales. De préférence, essuyez-les avec du papier absorbant.

Tofu frit
et légumes sautés

Ingrédients

1 botte de jeunes carottes

1 gros poireau

2 choux-raves

1 petit brocoli

100 g de pois gourmands

Sel

2 tomates charnues

6 cuill. à soupe d'huile

Poivre du moulin

10 cl de bouillon de légumes

400 g de tofu

2 gousses d'ail

1/2 bouquet de persil plat

Préparation

POUR 4 PERSONNES

1 Parez et lavez les légumes, si besoin est épluchez-les. Coupez les carottes et le poireau en rondelles, détaillez les choux en bâtonnets. Séparez les fleurettes du brocoli. Faites blanchir séparément le brocoli et les pois gourmands dans de l'eau bouillante salée. Rincez les légumes blanchis sous un jet d'eau froide et laissez-les égoutter. Ébouillantez, pelez, partagez et épépinez les tomates. Coupez la chair en dés.

2 Faites chauffer le wok et versez-y 4 cuillerées à soupe d'huile. Faites sauter les carottes, le poireau, les choux-raves et le brocoli. Les légumes doivent rester croquants. Salez et poivrez, puis mouillez avec le bouillon.

3 Coupez le tofu en carrés, épluchez et hachez l'ail. Faites dorer le hachis d'ail et les carrés de tofu dans le reste d'huile. Lavez et secouez le persil pour le sécher puis hachez-le menu. Mélangez les tomates, les pois gourmands et les légumes cuits dans le bouillon. Ajoutez le persil et les carrés de tofu.

Chou blanc sauté
à l'ananas frais

Ingrédients

500 g de chou blanc · 200 g d'ananas
1 tige de citronnelle
1 piment vert · 1 poivron rouge
200 g de germes de soja
2 cuill. à soupe de sauce soja claire
4 cuill. à soupe de xérès
1 cuill. à café de sauce chili
1/2 cuill. à café de poivre de Sichuan
Sel · 1 cuill. à café de Maïzena
2 cuill. à soupe de noix de coco râpée
1 cuill. à soupe de graines de sésame
1/2 cuill. à café de zeste de citron râpé
Zeste de citron
4 cuill. à soupe d'huile

Préparation

POUR 4 PERSONNES

1 Parez et lavez le chou et le poivron, puis coupez-les en fines lamelles. Épluchez l'ananas, retirez la partie dure centrale et coupez la chair en dés. Lavez et hachez la citronnelle. Lavez, épépinez le piment et coupez-le en fines lamelles. Rincez les germes de soja à l'eau froide et laissez-les égoutter.

2 Battez la sauce soja, le xérès, la sauce chili, le sel, le poivre et la Maïzena pour faire une sauce.

3 Faites dorer la noix de coco râpée et les graines de sésame à sec dans le wok. Ajoutez le zeste de citron.

4 Faites chauffer le wok et versez-y l'huile. Faites sauter les lamelles de chou et de poivron en remuant, juste assez longtemps pour qu'ils restent croquants. Ajoutez l'ananas, la citronnelle, le piment et les germes de soja lavés, puis incorporez la sauce. Laissez cuire le tout environ 2 minutes supplémentaires. Parsemez de graines de sésame et de noix de coco râpée, et servez.

Légumes
à l'aigre-doux

Un plat à la saveur aigre-douce tout simplement irrésistible : légumes croquants et un brin pimentés raviront les gourmets.

Ingrédients

100 g de chou chinois
125 g de carottes
125 g de champignons shiitake
125 g de pois gourmands
50 g de gingembre frais
2 gousses d'ail
2 piments rouges
100 g de pousses de bambou
150 g d'ananas frais
4 cuill. à soupe d'huile de tournesol
4 cuill. à soupe de vinaigre de riz
4 cuill. à soupe de sauce soja
4 cuill. à soupe de xérès
2 cuill. à soupe de sucre
20 cl de bouillon de poule
1 cuill. à café rase de Maïzena

Préparation

POUR 4 PERSONNES

1 Lavez et séchez le chou chinois, coupez les feuilles en deux dans le sens de la longueur, puis en bandes de 2 cm de large. Épluchez les carottes et coupez-les en fines rondelles. Essuyez les champignons avec du papier absorbant, coupez-les en deux ou en quatre s'ils sont gros. Lavez et coupez les pois gourmands en deux.

2 Épluchez le gingembre et coupez-le en très fines lamelles. Épluchez l'ail et hachez-le fin. Lavez, épépinez les piments et coupez-les en très fines lamelles.

3 Égouttez les pousses de bambou dans une passoire. Épluchez l'ananas, retirez la partie dure centrale et coupez la chair en dés.

4 Faites chauffer le wok et versez-y l'huile. Faites sauter rapidement les carottes et les champignons. Ajoutez le chou chinois et les pois gourmands, et faites sauter rapidement. Ajoutez le gingembre, l'ail et les piments, et faites sauter rapidement. Ajoutez les pousses de bambou, l'ananas, le vinaigre, la sauce soja, le xérès et le sucre. Mouillez avec trois quarts du bouillon et mélangez.

5 Délayez la Maïzena dans le bouillon froid restant, versez sur les légumes et mélangez immédiatement. Laissez mijoter 2 minutes.

Variante

Vous pouvez remplacer le vinaigre de riz par du vinaigre de cidre. Ce dernier étant plus acide, 2 cuillerées à soupe suffisent. Pour donner la touche asiatique à ce sauté de légumes, remplacez le xérès par du vin de riz.

Sauté de légumes
aux pois gourmands

Un concentré de vitamines et un régal pour les yeux : champignons, petits légumes et germes de soja forment un joli bouquet de couleurs.

Ingrédients

2 cuill. à soupe de champignons mu-err séchés
2 cuill. à soupe de sauce soja claire
2 cuill. à soupe de vin de riz
5 cl de bouillon de légumes
1/2 cœur de chou chinois
1 poivron rouge
1 petite courgette
100 g de champignons de Paris
100 g de pois gourmands
100 g de germes de soja
200 g de petits épis de maïs doux
1 gousse d'ail
1 noisette de gingembre frais
3 cuill. à soupe d'huile d'arachide
1 cuill. à soupe d'huile de sésame
Sel · Poivre du moulin

Préparation

POUR 4 PERSONNES

1 Faites tremper les champignons séchés 15 minutes dans un bol d'eau très chaude. Versez la sauce soja dans un autre bol et mélangez-la avec le vin de riz et le bouillon.

2 Parez et lavez les légumes. Coupez le chou, le poivron et la courgette en lamelles. Frottez les champignons frais avec du papier absorbant et émincez-les. Versez les pois gourmands et les germes de soja dans une passoire, ébouillantez-les et laissez-les égoutter. Égouttez et partagez les épis de maïs dans le sens de la longueur.

3 Versez les champignons mu-err dans une passoire, rincez-les et hachez-les menu. Épluchez et hachez l'ail et le gingembre.

4 Faites chauffer l'huile d'arachide dans le wok. Ajoutez l'huile de sésame. Versez le hachis d'ail et de gingembre, et faites-le dorer. Ajoutez les lamelles de poivron et de courgette, les épis de maïs et les champignons ramollis, et faites sauter les légumes 3 minutes en remuant.

5 Ajoutez les champignons frais, les pois gourmands, les lamelles de chou et les germes de soja et faites sauter les légumes 2 minutes. Mouillez avec la sauce soja allongée avec le vin et laissez mijoter quelques instants, les légumes doivent rester croquants. Assaisonnez avec du sel et du poivre. Servez le sauté de légumes avec du riz basmati.

Fricassée de légumes
avec chou-fleur

Ingrédients

1 poivron rouge · 1 poivron vert
500 g de carottes · 3 petits poireaux
1 petit chou-fleur
6 petits épis de maïs doux
1 noix de gingembre frais
2 cuill. à soupe de sauce soja
et 2 de vinaigre de riz
4 cuill. à soupe de tomates
concassées (en conserve)
2 cuill. à soupe de sucre roux
1 piment rouge
1/4 de cuill. à café de cumin
en poudre et 1/4 de coriandre
1/2 cuill. à soupe de Maïzena
12,5 cl de bouillon de légumes
3 cuill. à soupe d'huile

Préparation

POUR 4 PERSONNES

1 Parez, lavez et émincez les poivrons. Pelez les carottes et coupez-les en bâtonnets. Parez et lavez le chou-fleur, séparez les fleurettes et coupez le trognon en rondelles. Parez, lavez et coupez les poireaux en rondelles. Égouttez les épis de maïs dans une passoire.

2 Partagez les poivrons dans le sens de la longueur, épépinez-les et hachez-les menu. Pelez le gingembre et hachez-le finement.

3 Mélangez la sauce soja avec le vinaigre, les tomates et le sucre. Ajoutez le piment, le gingembre, le cumin et la coriandre. Délayez la Maïzena avec le bouillon, puis versez-la dans la sauce soja.

4 Faites chauffer le wok et versez-y l'huile. Faites sauter les carottes et le chou 3 minutes en remuant. Ajoutez les poireaux, les poivrons et le maïs et faites-les dorer 2 minutes. Arrosez les légumes de sauce et laissez-les mijoter 5 minutes, les légumes doivent rester croquants. Servez le sauté de légumes avec du riz basmati.

Poêlée de légumes
aux épis de maïs

Ingrédients

120 g de riz basmati · Sel
1 cuill. à café d'huile
3 poivrons (rouge, jaune, vert)
6 petits épis de maïs doux
120 g de haricots verts
1 oignon · 4 petites aubergines
50 g de pois chiches
100 g de germes de soja
2 petits oignons nouveaux
2 piments rouges · 2 gousses d'ail
1 noisette de gingembre
1 cuill. à café de curcuma en poudre
8 cuill. à soupe d'huile d'arachide
12,5 cl de bouillon de légumes
5 cuill. à soupe de sauce soja claire
Poivre du moulin

Préparation

POUR 4 PERSONNES

1 Rincez le riz dans une passoire et portez-le à ébullition dans 15 cl d'eau additionnée de sel et de 1 cuillerée à café d'huile. Laissez-le ensuite cuire 15 minutes à feu doux.

2 Parez, lavez et émincez les poivrons. Égouttez les épis de maïs et partagez-les dans le sens de la longueur. Équeutez, lavez et coupez les haricots en morceaux. Épluchez et émincez l'oignon sec. Parez et lavez les aubergines, puis coupez-les en quatre. Rincez les pois chiches et le soja et laissez-les égoutter.

3 Parez, lavez et coupez les oignons nouveaux en rondelles. Partagez les piments dans le sens de la longueur, retirez les graines et rincez la chair. Pelez et hachez finement le gingembre et l'ail. Ajoutez le curcuma en poudre et mélangez.

4 Faites chauffer le wok. Versez-y 4 cuillerées à soupe d'huile et faites sauter les légumes, ils doivent rester croquants. Retirez les légumes et faites chauffer le reste d'huile. Versez le riz et faites-le sauter 5 minutes. Ajoutez les épices et mélangez, ajoutez les légumes et le bouillon. Rectifiez l'assaisonnement avec la sauce soja, du sel et du poivre, et servez.

Brocoli

aux champignons shiitake

Une association inattendue : brocoli et champignons chinois unissent leurs arômes en une harmonie accomplie.

Ingrédients

12 champignons shiitake séchés
3 cuill. à soupe de sauce soja
Sel
1 cuill. à soupe de xérès sec
1 cuill. à café de Maïzena
1 cuill. à café de sucre
1/2 l de bouillon de légumes
250 g de brocoli
1 cuill. à soupe d'huile de sésame
2 cuill. à soupe d'huile
1 noisette de gingembre frais

Préparation

POUR 4 PERSONNES

1 Faites tremper les champignons séchés 20 minutes dans un bol d'eau très chaude. Égouttez-les et rincez-les à l'eau froide. Recoupez la base des pieds et partagez les gros chapeaux en deux ou en quatre.

2 Mélangez la sauce soja avec 1/2 cuillerée à café de sel, le xérès, la Maïzena, le sucre et le bouillon, puis versez le tout dans le wok et portez à ébullition. Ajoutez les champignons et laissez épaissir la sauce 10 minutes. Si la sauce est trop concentrée, allongez-la avec un peu d'eau ou de bouillon.

3 Parez, lavez et séparez les fleurettes du brocoli. Pelez et coupez les tiges en rondelles de 1 cm. Faites bouillir de l'eau salée et faites-y blanchir les tiges de brocoli 2 minutes et les fleurettes 1 minute. Versez-les dans une passoire, rafraîchissez-les à l'eau fraîche et laissez égoutter.

4 Retirez les champignons et réservez-les au chaud.

5 Faites chauffer le wok et versez-y les deux huiles. Pelez et hachez le gingembre et faites-le revenir, ajoutez le brocoli et faites-le sauter 2 minutes en remuant. Ajoutez les champignons en sauce et remuez avant de servir.

Fricassée de légumes
au lait de coco

Un vrai délice : ce sauté de légumes au gingembre, à la citronnelle et aux feuilles de citronnier rassemble des parfums envoûtants.

Ingrédients

100 g de riz basmati · Sel
3 cuill. à café d'huile
150 g de tofu
1 gousse d'ail · 1 oignon
1 noix de gingembre
1 tige de citronnelle
5 ou 6 petites aubergines
50 g de champignons de Paris
50 g de champignons enoki
1 courgette · 1 piment rouge
50 g de pousses de bambou
3 feuilles de citronnier vert
5 cl de lait de coco non sucré
30 cl de bouillon de légumes
Le jus de 1 citron vert
2 cuill. à café de sauce soja

Préparation

POUR 4 PERSONNES

1 Rincez plusieurs fois le riz à l'eau froide jusqu'à ce que l'eau soit claire. Versez le riz dans une casserole et couvrez-le d'eau, ajoutez une pincée de sel et 1 cuillerée à café d'huile, remuez et portez le tout à ébullition. Faites cuire le riz 15 minutes à feu doux.

2 Rincez et épongez le tofu, coupez-le en gros morceaux. Épluchez et hachez l'ail, l'oignon et le gingembre. Parez la tige de citronnelle et coupez-la en morceaux.

3 Parez et lavez les petites aubergines (ou coupez une grosse aubergine en petits morceaux). Frottez les deux variétés de champignons avec du papier absorbant et partagez les champignons de Paris. Parez et lavez la courgette, partagez-la en deux puis recoupez les moitiés de courgette en rondelles. Partagez le piment, retirez les graines, lavez et émincez la chair. Égouttez les pousses de bambou.

4 Faites chauffer l'huile restante dans le wok et faites frire le tofu. Ajoutez le hachis d'ail, d'oignon et de gingembre, la citronnelle, le piment et les feuilles de citronnier et faites-les sauter. Ajoutez les aubergines, les champignons, les rondelles de courgette et les pousses de bambou. Versez le lait de coco et le bouillon, et laissez mijoter 6 minutes.

5 Assaisonnez avec la sauce soja et le jus de citron. Retirez les feuilles de citronnier et la citronnelle. Servez dans des coupelles avec le riz.

Galettes Mandarin
aux légumes

Ingrédients

300 g de farine · 6 cuill. à café d'huile
1 noisette de gingembre
2 gousses d'ail
250 g de carottes
200 g d'oignons frais
200 g de céleri en branches
120 g de petits épis de maïs doux
30 g de germes d'alfalfa (luzerne)
2 cuill. à soupe d'huile de sésame
17,5 cl de bouillon de légumes
1 cuill. à soupe de pâte de soja épicée
2 cuill. à soupe de sauce hoisin
6 cuill. à soupe de sauce soja claire

Préparation

POUR 4 PERSONNES

1 Délayez la farine avec 20 cl d'eau et 2 cuillerées à café d'huile et pétrissez pour obtenir une pâte souple. Roulez la pâte en boule, couvrez-la avec un linge et laissez-la reposer 1 heure.

2 Pelez et hachez l'ail et le gingembre. Grattez les carottes, parez et lavez les oignons. Coupez le oignons et les carottes en lamelles de 5 cm. Parez et lavez le céleri. Coupez les tiges en rondelles et les feuilles en lamelles. Égouttez les épis de maïs et les germes d'alfalfa. Partagez les épis de maïs.

3 Partagez la pâte en 16 boules, abaissez. Badigeonnez d'huile une face des galettes, assemblez-en deux et roulez-les. Faites chauffer le wok et faites-les cuire à sec, 2 minutes sur chaque face. Tournez dès que des bulles se forment. Retirez et laissez refroidir. Roulez-les.

4 Faites chauffer l'huile de sésame et 1 cuillerée à soupe d'huile dans le wok, faites revenir l'ail et le gingembre 3 minutes avec les légumes. Ajoutez le bouillon, la pâte de soja, les sauces. Répartissez les légumes, ajoutez les feuilles de céleri et les germes d'alfalfa, et roulez les galettes.

Chou-fleur au piment
au poireau et à la tomate

Ingrédients

1 oignon blanc
4 piments rouges
4 gousses d'ail
1 noix de gingembre frais
250 g de poireau
1 chou-fleur de 800 g
Sel
240 g de tomates
4 cuill. à soupe d'huile de copra
2 pincées de curcuma en poudre
3 cuill. à soupe de sauce soja claire
3 cuill. à soupe de sauce soja sucrée (ketja manis)

Préparation

POUR 4 PERSONNES

1 Épluchez et coupez l'oignon en dés. Partagez les piments dans la longueur, retirez les graines, lavez et coupez la chair en fines lamelles. Pelez et hachez le gingembre et l'ail.

2 Parez et lavez le chou-fleur et le poireau. Coupez le poireau en lamelles de 5 cm. Séparez les fleurettes du chou-fleur et partagez les plus grosses. Faites blanchir le chou-fleur 4 minutes dans une grande casserole d'eau salée. Versez-le dans une passoire, rincez-le à l'eau froide et laissez-le égoutter.

3 Ébouillantez et pelez les tomates. Partagez-les en deux, épépinez-les et coupez la chair en dés.

4 Faites chauffer le wok et versez-y l'huile de copra. Faites sauter l'oignon, les piments, l'ail et le gingembre à feu doux. Ajoutez le curcuma et mélangez. Versez le chou-fleur et les lamelles de poireau et laissez revenir 2 minutes.

5 Délayez les deux sauces soja avec 20 cl d'eau. Arrosez les légumes de sauce et laissez mijoter 2 minutes. En fin de cuisson, ajoutez les tomates et faites-les juste réchauffer.

Salade de chou
aux lamelles de noix de coco

Un souffle d'exotisme sur la table : cette salade de chou au citron et au lait de coco est un régal pour les yeux et pour le palais.

Ingrédients

800 g de chou de Milan
2 oignons
1 gousse d'ail
1 piment rouge
3 cuill. à soupe d'huile
40 cl de lait de coco non sucré
1/2 cuill. à café de zeste de citron non traité
Sel · Poivre du moulin
50 g de noix de coco fraîche (ou noix de coco râpée)

Préparation

POUR 4 PERSONNES

1. Parez le chou, lavez et coupez les feuilles en lamelles de 2 cm de largeur. Épluchez et hachez finement l'ail et les oignons. Partagez le piment, retirez les graines, lavez et émincez la chair.
2. Faites chauffer le wok et versez-y l'huile. Faites sauter les lamelles de chou 5 minutes en les remuant. Ajoutez les oignons, l'ail et le piment, et faites-les sauter 2 minutes en remuant.
3. Versez le lait de coco. Ajoutez le zeste de citron et salez les légumes. Laissez mijoter les légumes à feu doux, en remuant fréquemment, ils doivent rester croquants.
4. Rectifiez l'assaisonnement avec du sel et du poivre. Découpez des lamelles de noix de coco au couteau économe. Décorez la salade de lamelles de noix de coco et servez.

Astuce

Pour ouvrir une noix de coco : percez les « yeux » de la noix à l'aide d'une pointe et d'un marteau. Récupérez le jus. Sciez partiellement la noix et concassez-la avec le marteau.

Pâtes et riz

Nouilles de riz
aux poireaux et cacahuètes

En Asie, les nouilles portent bonheur, d'où la grande variété de recettes les incluant, toutes plus délicieuses les unes que les autres.

Ingrédients

125 g de nouilles de riz larges
2 carottes
2 poireaux
1 gousse d'ail
1 noisette de gingembre
3 cuill. à soupe d'huile d'arachide
2 cuill. à soupe de cacahuètes grillées et salées
Sel · Poivre du moulin

Préparation

POUR 4 PERSONNES

1 Remplissez d'eau une grande casserole, salez et portez à ébullition. Jetez-y les nouilles et faites-les cuire *al dente*, en suivant les instructions figurant sur le paquet. Rincez-les immédiatement à l'eau froide et égouttez-les.

2 Pelez les carottes, lavez-les et détaillez-les en bâtonnets fins. Coupez l'extrémité des poireaux, ôtez les premières feuilles, lavez-les soigneusement et coupez-les en lamelles. Épluchez l'ail et pelez le gingembre, puis hachez-les finement.

3 Faites chauffer l'huile d'arachide dans le wok et faites-y revenir l'ail et le gingembre. Ajoutez les bâtonnets de carottes et les lamelles de poireaux, et faites-les dorer en remuant. Incorporez les nouilles et les cacahuètes, et réchauffez-les 2 minutes en remuant. Salez et poivrez.

Astuce

Pour réaliser un plat très décoratif, créez des nouilles de légumes : détaillez entièrement les carottes au couteau économe pour obtenir des « tagliatelles » et coupez les poireaux en lamelles.

Nouilles
aux quatre champignons

Une combinaison très aboutie : les amateurs de cuisine asiatique vont être gâtés avec ce plat de nouilles traditionnel.

Ingrédients

10 champignons mu-err séchés
200 g de champignons de Paris
200 g de pleurotes
200 g de champignons shiitake
100 g de germes de soja
1 carotte · 1 oignon nouveau
2 gousses d'ail
1 noisette de gingembre
150 g de chou chinois
1 cuill. à soupe de Maïzena
4 cuill. à soupe de vin de riz
400 g de nouilles fines
3 cuill. à soupe d'huile
15 cl de bouillon
3 cuill. à soupe de sauce soja
Sel · Poivre du moulin

Préparation

POUR 4 PERSONNES

1 Faites tremper les champignons séchés 15 minutes dans un bol d'eau très chaude, puis rincez-les. Jetez la partie dure du pied et coupez le reste en lamelles. Frottez les champignons frais avec du papier absorbant. Jetez la partie dure des shiitake et émincez finement pleurotes et shiitake. Rincez les germes de soja et laissez-les égoutter.

2 Pelez la carotte et découpez-la en bâtonnets. Épluchez, lavez et émincez l'oignon. Pelez et hachez finement l'ail et le gingembre. Parez, lavez et émincez les feuilles de chou. Délayez la Maïzena avec le vin de riz, remuez pour obtenir une pâte liquide.

3 Faites cuire les nouilles *al dente*, dans une grande quantité d'eau salée, en suivant les instructions figurant sur le paquet. Pendant ce temps, faites chauffer le wok et versez-y l'huile. Faites revenir l'oignon, l'ail et le gingembre. Ajoutez les champignons et la carotte et faites-les sauter 2 minutes.

4 Versez les germes de soja et le chou dans le wok, remuez et laissez-les cuire 1 minute. Mouillez avec le vin de riz, le bouillon et la sauce soja, et laissez prendre le bouillon. Salez et poivrez.

5 Égouttez les nouilles dans la passoire et mélangez-les avec la sauce aux champignons. Décorez éventuellement avec un hachis de persil.

Nouilles de riz
au chou et aux champignons

À vos baguettes, prêts, partez : nouilles de riz, champignons parfumés et petits légumes, ainsi commence le voyage vers l'Extrême-Orient.

Ingrédients

300 g de nouilles larges
250 g de chou de Milan
300 g de pleurotes
1/2 poivron rouge
7,5 cl de bouillon de légumes
3 cuill. à soupe de jus de citron vert
3 cuill. à soupe de sauce soja claire
4 cuill. à soupe d'huile
Sel · Poivre de Cayenne
1 brin de coriandre

Préparation

POUR 4 PERSONNES

1 Versez les nouilles dans un saladier, ébouillantez-les et laissez-les gonfler 15 minutes, elles doivent rester fermes. Versez les nouilles dans une passoire et laissez-les égoutter.

2 Pendant ce temps, parez le chou de Milan. Jetez les côtes épaisses et dures, lavez et coupez en lamelles fines les feuilles tendres. Frottez les champignons avec du papier absorbant et émincez-les. Épépinez le poivron, lavez et coupez la chair en lamelles fines.

3 Versez le bouillon dans un bol, ajoutez le jus de citron et la sauce soja, et remuez.

4 Faites chauffer le wok et versez-y l'huile. Faites revenir les champignons 1 minute, puis poussez-les vers le bord du wok et faites sauter les lamelles de chou 4 à 5 minutes ; le chou doit rester ferme.

5 Mélangez le chou avec les champignons, ajoutez les nouilles égouttées et mouillez avec le bouillon. Faites réchauffer tous les ingrédients, assaisonnez avec du sel et du poivre de Cayenne, parsemez de lamelles de poivron et servez les nouilles décorées avec un hachis de coriandre.

Astuce

Les nouilles de riz sont vendues dans les épiceries asiatiques. Pour les faire cuire, il suffit de les ébouillanter. À défaut de nouilles chinoises, utilisez des lasagnes fraîches.

Nouilles japonaises
aux légumes

Ingrédients

250 g de nouilles chinoises aux œufs (farine de sarrasin)
400 g de chou blanc
1 grosse carotte
200 g de champignons shiitake
4 cuill. à soupe d'huile d'arachide
Sel · Poivre du moulin
1 cuill. à café de dayong (mélange d'épices chinoises)
4 cuill. à soupe de sauce soja

Préparation

POUR 4 PERSONNES

1 Faites cuire les nouilles *al dente* dans de l'eau bouillante salée, en suivant les instructions figurant sur le paquet. Versez dans une passoire, rincez à l'eau froide et laissez bien égoutter.

2 Coupez le chou en quatre, ôtez le trognon et coupez les quartiers transversalement en fines lamelles.

3 Épluchez la carotte et coupez-la en fines lamelles. Nettoyez les champignons et coupez-les en deux.

4 Faites chauffer le wok, versez la moitié de l'huile et faites sauter les lamelles de chou et de carotte à feu moyen en remuant. Elles ne doivent en aucun cas colorer. Retirez les légumes, puis faites chauffer l'huile restante dans le wok et faites-y dorer les champignons, à feu vif.

5 Ajoutez les lamelles de légumes et les nouilles dans le wok et mélangez bien. Salez, poivrez, et assaisonnez avec le dayong et la sauce soja.

Vermicelles de riz
au sésame

Ingrédients

200 g de vermicelles de riz
2 carottes · 1 courgette moyenne
1 poivron jaune · 1 piment rouge
1 gousse d'ail
4 cuill. à soupe d'huile de sésame
Sel · Poivre du moulin
2 cuill. à soupe de sauce soja
1 cuill. à soupe de sauce d'huîtres
100 g de germes de soja
1 cuill. à soupe de feuilles de coriandre hachées
1 cuill. à soupe de graines de sésame

Préparation

POUR 4 PERSONNES

1 Laissez gonfler les vermicelles environ 10 minutes dans de l'eau tiède.

2 Épluchez les carottes. Lavez le poivron, ôtez les pépins et les parties blanches. Coupez les carottes, le poivron et la courgette en fines lamelles. Lavez et épépinez le piment, puis hachez-le menu. Épluchez la gousse d'ail.

3 Faites chauffer 3 cuillerées à soupe d'huile dans le wok et faites-y dorer la gousse d'ail. Retirez-la et faites sauter les légumes en remuant sans les laisser colorer. Salez et poivrez.

4 Égouttez les vermicelles. Coupez-les en morceaux avec une paire de ciseaux et incorporez-les aux légumes. Ajoutez les sauces, 1 cuillerée à soupe d'huile et le soja lavé. Décorez avec la coriandre hachée et les graines de sésame.

Nouilles aux asperges
et au tamarin

Rencontre culinaire au sommet : la citronnelle, l'asperge et le tamarin entrent en jeu, et les inconditionnels des pâtes se régalent.

Ingrédients

100 g de nouilles chinoises aux œufs
Sel
100 g de tofu
200 g d'asperges vertes
1 petit pak-choi
1 échalote
1 gousse d'ail
2 pommes de terre
1 tige de citronnelle
1 cuill. à soupe de pâte de tamarin
1 cuill. à soupe d'huile
2 feuilles de citronnier
2 cuill. à café de sambal ketjab
1 cuill. à soupe de sauce soja

Préparation

POUR 4 PERSONNES

1 Faites cuire les nouilles *al dente*, dans une grande quantité d'eau salée, en suivant les instructions figurant sur le paquet. Versez-les dans une passoire, rafraîchissez-les et laissez-les égoutter.

2 Rincez et épongez le tofu, coupez-le en dés. Pelez, lavez et coupez les asperges en morceaux. Parez et lavez le pak-choi et coupez-le en petits morceaux. Épluchez et hachez finement l'échalote et l'ail. Épluchez les pommes de terre et coupez-les en dés. Parez la tige de citronnelle et coupez-la en morceaux. Diluez la pâte de tamarin avec 3 cuillerées à soupe d'eau chaude.

3 Faites chauffer le wok et versez-y l'huile. Faites sauter l'ail, l'échalote et les pommes de terre 5 minutes. Mouillez avec 5 cl d'eau. Ajoutez les feuilles de citronnier, le tamarin et la citronnelle. Couvrez et faites cuire les légumes 10 minutes.

4 Ajoutez les asperges et le pak-choi et laissez mijoter 5 minutes. Ajoutez le tofu et faites-le revenir 2 minutes. Ajoutez les nouilles, assaisonnez avec le sambal ketjap et la sauce soja, et mélangez.

Astuce

La sauce chinoise sambal ketjap, comme le sambal oelek, est à base de piment. Son petit goût caractéristique est obtenu par la fermentation de graines de haricots mungo (soja).

Spaghettis chinois au bœuf

Les pâtes, consommées en Chine bien avant leur apparition en Italie, sont accompagnées de légumes croquants et de viande de bœuf épicée.

Ingrédients

200 g de nouilles chinoises aux œufs
300 g de viande de bœuf (rumsteck par exemple)
1 piment rouge
3 gousses d'ail
3 grandes feuilles de bettes
4 cuill. à soupe d'huile
1 cuill. à café de graines de moutarde
50 cl de bouillon de légumes
3 cuill. à soupe de sauce soja
Sel · Poivre du moulin

Préparation

POUR 4 PERSONNES

1 Remplissez d'eau une grande casserole, salez-la et portez-la à ébullition. Jetez-y les nouilles et faites-les cuire *al dente* en suivant les instructions figurant sur le paquet. Rincez-les immédiatement à l'eau froide et égouttez-les.

2 Détaillez la viande en dés. Fendez le piment en deux, épépinez-le, lavez-le et coupez-le en dés. Épluchez l'ail et émincez-le. Lavez les bettes et séparez avec un couteau les feuilles de la tige centrale. Détaillez les côtes en morceaux d'environ 2 cm et coupez les feuilles en lamelles.

3 Faites chauffer l'huile dans le wok, jetez-y les graines de moutarde, l'ail et le piment, et faites revenir quelques minutes. Ajoutez les morceaux de bettes et les dés de bœuf, et laissez cuire à feu doux, sans faire brunir. Mouillez avec le bouillon et la sauce soja, couvrez et laissez mijoter 3 minutes, toujours à feu doux. Ajoutez les feuilles de bettes, couvrez et laissez cuire 7 minutes. Salez, poivrez et versez les nouilles. Laissez sur le feu 2 à 3 minutes pour que l'ensemble soit chaud.

Variante

Vous pouvez remplacer les bettes par des brocolis, des poivrons ou du chou frisé et ajouter au dernier moment des cacahuètes ou des noix de cajou grillées.

Nouilles chinoises
au poulet et aux crevettes

Ingrédients

250 g de nouilles chinoises aux œufs

Sel

1 botte d'oignons blancs

2 gousses d'ail

300 g de blancs de poulet

1 piment rouge

4 cuill. à soupe d'huile

100 g de crevettes décortiquées

50 g de germes de soja

1 cuill. à soupe de gingembre moulu

4 cuill. à soupe de sauce soja

Préparation

POUR 4 PERSONNES

1 Faites bouillir une grande quantité d'eau salée dans une casserole. Versez-y les nouilles, défaites-les avec des baguettes et laissez gonfler 2 à 3 minutes. Versez dans une passoire, rincez à l'eau froide et laissez bien égoutter.

2 Parez et lavez les oignons blancs et coupez-les en rondelles. Épluchez et hachez les gousses d'ail. Coupez les blancs de poulet en lamelles. Lavez et épépinez le piment et hachez-le finement.

3 Faites chauffer le wok et versez-y l'huile. Faites sauter les ingrédients préparés en remuant bien. Faites d'abord sauter la viande, puis ajoutez les crevettes, ensuite l'ail et les oignons, et enfin le piment haché.

4 Ajoutez les germes de soja lavés, le gingembre, la sauce soja et les nouilles dans le wok, et mélangez légèrement le tout pour que l'ensemble soit chaud. Servez aussitôt.

Nouilles
à l'indonésienne

Ingrédients

250 g de nouilles chinoises aux œufs
Sel · 1 petit chou chinois
100 g de champignons shiitake
300 g de filet de porc
1 piment rouge
3 cuill. à soupe d'huile
1 cuill. à soupe de gingembre moulu
1 tige de citronnelle
1/2 cuill. à café de dayong (mélange d'épices chinoises)
2 cuill. à soupe de vin de riz
4 cuill. à soupe de sauce soja

Préparation

POUR 4 PERSONNES

1 Versez les nouilles dans de l'eau bouillante salée, ramenez à ébullition, défaites avec des baguettes, puis laissez gonfler 2 à 3 minutes. Versez dans une passoire, rincez à l'eau froide et laissez bien égoutter.

2 Parez et lavez le chou chinois, puis coupez-le en lamelles de 1 cm de large. Essuyez les champignons avec du papier absorbant. Coupez les champignons et la viande en petites lamelles.

3 Lavez le piment, coupez-le en deux dans le sens de la longueur, épépinez-le et hachez-le menu.

4 Faites chauffer le wok et versez-y l'huile. Faites sauter successivement la viande, les champignons, puis le chou. Ajoutez les épices et mouillez le tout avec le vin de riz et la sauce soja. Incorporez les nouilles et laissez les saveurs se développer environ 3 minutes.

Poêlée de nouilles au tofu
aux châtaignes d'eau

Les nouilles chinoises agrémentées de tofu, de patates douces et de châtaignes d'eau vont inciter les gourmets à faire bombance.

Ingrédients

150 g de nouilles chinoises
Sel · 2 patates douces
3 petits oignons nouveaux
1 oignon sec · 1 gousse d'ail
1 piment rouge
100 g de tofu fumé
2 cuill. à café d'huile de sésame
60 g de châtaignes d'eau
5 cl de bouillon de légumes
2 tomates
2 cuill. à soupe de sauce soja
Poivre du moulin
1/2 bouquet de ciboulette

Préparation

POUR 4 PERSONNES

1 Faites cuire les nouilles *al dente*, dans une grande quantité d'eau salée, en suivant les instructions figurant sur le paquet. Versez-les dans une passoire rafraîchissez-les et laissez-les égoutter.

2 Épluchez, lavez et coupez les patates en petits dés. Parez, lavez et émincez les oignons nouveaux. Pelez et hachez finement l'ail et l'oignon sec. Partagez le piment, retirez les graines et coupez la chair en lamelles. Découpez le tofu en lamelles.

3 Faites chauffer le wok et versez-y l'huile. Faites sauter les lamelles de tofu, retirez-les. Faites revenir l'ail, les oignons et le piment. Ajoutez les patates, les oignons et les châtaignes d'eau égouttées et laissez cuire 5 minutes. Mouillez les légumes avec le bouillon, couvrez et faites-les cuire 15 minutes.

4 Lavez et coupez les tomates en rondelles, jetez le pédoncule. Mélangez les nouilles, le tofu et les tomates avec les légumes et laissez cuire tous les ingrédients 5 minutes supplémentaires. Assaisonnez avec la sauce soja et du poivre du moulin. Lavez, séchez et ciselez la ciboulette. Servez les nouilles décorées de ciboulette.

Variante

Vous pouvez remplacer le tofu par du poulet. Préparez une marinade avec 1 cuillerée à café de sauce de sésame et 1 cuillerée à soupe de sauce soja. Faites mariner le poulet, puis faites-le cuire comme le tofu.

Nasi goreng
au blanc de poulet

*Voici un classique de la cuisine indonésienne :
les saveurs s'harmonisent tout simplement parfaitement.*

Ingrédients

200 g de blanc de poulet
1 cuill. à soupe de miel
3 cuill. à soupe de sauce soja
2 cuill. à soupe de curry
1 cuill. à soupe de ketchup
1 cuill. à café de Maïzena
2 tiges de citronnelle
1 botte d'oignons blancs
1 poivron rouge
2 gousses d'ail
1 piment rouge
4 cuill. à soupe d'huile de sésame
500 g de riz basmati cuit

Préparation

POUR 4 PERSONNES

1 Coupez la viande en fines lamelles.

2 Faites une marinade avec le miel, la sauce soja, 1 cuillerée à soupe de curry, le ketchup et la Maïzena, et mélangez-la à la viande. Laissez mariner 15 minutes.

3 Lavez la citronnelle, coupez-la en deux dans le sens de la longueur, puis en fines rondelles. Parez et lavez les oignons et coupez-les en morceaux de 1 à 2 cm. Parez et lavez le poivron, puis coupez-le en dés.

4 Épluchez l'ail et hachez-le finement. Lavez et épépinez le piment, puis coupez-le en très fines lamelles.

5 Faites chauffer le wok et versez-y l'huile. Faites revenir la viande. Ajoutez les oignons, le poivron et la citronnelle et faites sauter rapidement. Incorporez l'ail et le piment. Ajoutez le riz froid et laissez réchauffer environ 3 minutes. À la fin, ajoutez le curry restant et mélangez-le bien.

Variante

Préparez un curry végétarien en remplaçant le blanc de poulet par des bananes. Dans ce cas, ne préparez que la moitié de marinade et faites revenir les bananes très rapidement.

Curry de riz au lait de coco
et aux pois gourmands

Ingrédients

400 g de pois gourmands

1 botte d'oignons blancs

1 poivron jaune

1 oignon sec · 1 gousse d'ail

1 noisette de gingembre

2 cuill. à soupe d'huile

300 g de riz à grains longs

40 cl de lait de coco non sucré

1/4 de l de bouillon de légumes

2 cuill. à soupe de jus de citron

2 cuill. à café de curry en poudre

Sel

1 petit bouquet de basilic

Préparation

POUR 4 PERSONNES

1 Équeutez et lavez les pois gourmands. Parez, lavez et émincez les oignons blancs y compris la partie tendre de la tige. Parez, lavez et coupez le poivron en fines lamelles. Épluchez et hachez finement l'ail, l'oignon et le gingembre.

2 Faites chauffer le wok et versez-y l'huile. Faites revenir les oignons blancs et le poivron 2 minutes à feu vif. Retirez les oignons et le poivron et faites revenir le hachis d'ail, d'oignon et de gingembre 1 minute. Ajoutez le riz et remuez-le pour enrober les grains d'une fine pellicule d'huile.

3 Mouillez avec le bouillon et le lait de coco. Assaisonnez le riz avec le curry, du sel et le jus de citron et faites-le mijoter 15 minutes.

4 Ajoutez les légumes et faites-les cuire 5 minutes. Lavez et secouez les brins de basilic pour les sécher. Effeuillez le basilic et hachez les feuilles finement. Parsemez le riz de basilic et servez.

Curry de riz

aux œufs et aux légumes

Ingrédients

250 g de riz basmati
1 petite carotte
1 petit poireau
1 poivron rouge
100 g de champignons de Paris
100 g de germes de soja
4 cuill. à soupe d'huile
100 g de petits pois (surgelés)
2 cuill. à café de curry en poudre
2 œufs
2 cuill. à soupe de vin de riz
Sel
Poivre du moulin

Préparation

POUR 4 PERSONNES

1 Rincez le riz sous un jet d'eau froide, versez-le dans 1/2 l d'eau bouillante et faites-le cuire 20 minutes à couvert et à feu doux. Égouttez-le et laissez-le refroidir.

2 Pelez et coupez la carotte en dés. Parez et lavez le poireau, coupez-le en rondelles. Parez, lavez et coupez le poivron en dés. Frottez les champignons avec du papier absorbant et émincez-les finement. Rincez les germes de soja.

3 Faites chauffer le wok et versez-y 3 cuillerées à soupe d'huile. Versez le riz et faites-le sauter en le remuant fréquemment.

4 Retirez le riz et versez le reste d'huile dans le wok. Faites sauter les légumes 5 minutes. Ajoutez le curry en poudre et les petits pois, salez et poursuivez la cuisson 1 minute. Versez le riz dans le wok. Battez les œufs avec le vin de riz, salez et poivrez. Versez les œufs battus dans le wok et faites-les cuire rapidement, ils doivent rester moelleux. Mélangez et servez.

Nasi goreng
et œufs au plat

Ce classique de la cuisine indonésienne se prépare avec de la viande ou des légumes, éventuellement enrichi d'un œuf au plat.

Ingrédients

300 g de riz à grains longs
1 botte d'oignons blancs
350 g de filet de porc
2 gousses d'ail
4 échalotes
6 cuill. à soupe d'huile
4 œufs
Sel · Poivre du moulin
2 cuill. à soupe de ketjap manis
1 cuill. à café de sambal oelek
1 pincée de galanga moulu

Préparation

POUR 4 PERSONNES

1 Rincez le riz dans une passoire et égouttez-le. Versez-le dans une casserole, avec une fois et demie son volume d'eau et 1 cuillerée à soupe de sel, et faites-le cuire environ 20 minutes à feu doux. Aérez-le à la fourchette et laissez-le refroidir à découvert.

2 Lavez les oignons. Coupez les bulbes en quatre, détaillez les tiges en morceaux d'environ 4 cm de long. Coupez le filet de porc en tranches, puis en lamelles. Épluchez l'ail et émincez-le finement. Épluchez les échalotes et coupez-les en rondelles fines.

3 Faites chauffer 3 cuillerées à soupe d'huile dans le wok. Séparez en anneaux la moitié des rondelles d'échalotes, et faites-les frire en remuant sans cesse jusqu'à ce qu'elles soient croustillantes. Retirez-les du wok et égouttez-les sur du papier absorbant. Ajoutez 2 cuillerées à soupe d'huile dans le wok et faites-y rissoler les lamelles de porc. Versez le reste des échalotes, l'ail et les oignons, et faites revenir rapidement le tout. Incorporez le riz à feu vif, sans cesser de remuer et laissez-le dorer 3 à 5 minutes.

4 Faites chauffer 1 cuillerée à soupe d'huile dans le wok, cassez-y les œufs et faites-les frire sans briser les jaunes. Salez et poivrez le blanc seulement.

5 Incorporez au riz le ketjap manis, le sambal oelek et le galanga, salez et poivrez copieusement, mélangez bien et répartissez dans quatre assiettes. Déposez un œuf au plat sur chaque portion de nasi goreng et décorez de rondelles d'échalotes frites.

Riz sauté
aux noix de cajou

La fantaisie se révèle à chaque bouchée : noix croquantes, poivron et petits oignons font de ce riz un plat original.

Ingrédients

250 g de riz à grains longs
1 petit poivron rouge
1 petit poivron jaune
1 petit poivron vert
100 g de concombre
2 petits oignons blancs
100 g de noix de cajou
4 cuill. à soupe d'huile
Sel · Poivre du moulin

Préparation

POUR 4 PERSONNES

1 Faites bouillir environ 1 l d'eau légèrement salée, versez le riz et mélangez une fois. Ramenez à ébullition et faites gonfler le riz environ 20 minutes. Laissez refroidir le riz cuit.

2 Lavez les poivrons, coupez-les en deux dans le sens de la longueur, épépinez-les et ôtez les parties blanches. Coupez les poivrons en dés.

3 Lavez le concombre et coupez-le également en dés. Parez et lavez les petits oignons blancs et coupez-les en fines lamelles.

4 Faites chauffer le wok. Faites-y griller les noix de cajou à sec, retirez-les et réservez-les. Versez l'huile dans le wok et faites-la chauffer. Faites rapidement sauter les poivrons, le concombre et les oignons. Ajoutez le riz et les noix de cajou, mélangez et faites revenir encore 3 minutes.

5 Salez et poivrez le riz sauté. Laissez cuire encore 2 minutes. Servez sur des assiettes préchauffées ou dans des petits bols.

Variante

Le riz sauté aura encore plus de saveur si vous remplacez 100 g de riz à grains longs par 100 g de riz sauvage. Cacahuètes ou amandes mondées s'y marieront alors particulièrement bien.

Boulettes de riz
à la viande hachée

Ingrédients

150 g de riz gluant
100 g de crevettes crues non décortiquées
2 petits oignons nouveaux
5 châtaignes d'eau (en conserve)
150 g de viande de porc hachée
1 œuf
1 cuill. à soupe de fécule de pomme de terre
2 cuill. à soupe de nuoc-mâm
Poivre du moulin
2 cuill. à soupe d'huile

Préparation

POUR 4 PERSONNES

1 Faites tremper le riz gluant 8 à 10 heures dans de l'eau tiède, versez-le dans une passoire et faites-le cuire environ 20 minutes à la vapeur.

2 Lavez et décortiquez les crevettes et ôtez le filament noir. Hachez-en finement la chair. Parez et lavez les petits oignons nouveaux, puis coupez-les en fines rondelles. Coupez les châtaignes en petits morceaux. Mélangez bien tous les ingrédients, à l'exception du riz et de l'huile.

3 Prélevez 2 cuillerées à soupe de riz et formez-en des cercles aplatis. Posez 1 cuillerée à soupe de farce à la viande au centre des cercles et roulez ces derniers en boulettes régulières. Poursuivez jusqu'à épuisement des ingrédients.

4 Badigeonnez le fond d'une corbeille de bambou d'huile et posez-y les boulettes de riz. Faites bouillir un doigt d'eau dans le wok. Placez la corbeille de bambou dans le wok et laissez cuire à la vapeur pendant 15 minutes. Servez les boulettes de riz avec de la sauce chili et des légumes.

Boulettes de riz
et sauce piquante

Ingrédients

300 g de riz sauvage
1 botte d'oignons blancs
2 gousses d'ail
1 noisette de gingembre frais
1 concombre
2 œufs · 50 g de farine
2 cuill. à soupe d'amandes en poudre
Sel · Poivre du moulin
Huile pour le bain de friture et pour le wok
100 g de sauce au piment douce
2 cuill. à café de vinaigre de riz
1 cuill. à café de sauce soja
Feuilles de salade

Préparation

POUR 4 PERSONNES

1 Plongez le riz dans 60 cl d'eau bouillante salée et faites-le cuire 1 minute. Réduisez le feu et laissez gonfler le riz 20 minutes.

2 Pendant ce temps, parez et hachez finement les oignons, l'ail et le gingembre. Pelez et partagez le concombre dans le sens de la longueur, retirez les graines et coupez la chair en dés. Mélangez le riz avec les œufs, la farine et les amandes, salez et poivrez. Mouillez-vous les mains et formez des boulettes de riz de la grosseur d'une noix.

3 Faites chauffer le wok et versez-y 1 cuillerée à soupe d'huile. Faites revenir les oignons, l'ail et le gingembre, 2 minutes, puis versez-les dans un saladier. Ajoutez le concombre, la sauce au piment, le vinaigre de riz, la sauce soja, et mélangez.

4 Faites chauffer l'huile dans le wok et faites dorer les boulettes de riz 4 à 5 minutes. Retirez les boulettes et posez-les sur du papier absorbant. Lavez et essorez les feuilles de salade et coupez-les en morceaux. Servez les boulettes de riz sur un lit de salade, avec la sauce.

Poissons et crustacés

Nouilles de riz
aux crevettes

*Des nouilles transparentes aux crevettes :
un grand favori que l'on trouve en Chine à tous les coins de rue.*

Ingrédients

400 g de crevettes décortiquées
50 g de morilles séchées
4 gousses d'ail
1 piment séché
200 g de pois gourmands
200 g de champignons de Paris
1 boîte de petits épis de maïs
100 g de tofu
15 g de gingembre frais
4 cuill. à soupe d'huile
300 g de nouilles de riz de sésame
3 cuill. à soupe de sauce soja
2 cuill. à soupe de sauce d'huîtres
Sel · Poivre du moulin

Préparation

POUR 4 PERSONNES

1 Rincez les crevettes à l'eau froide dans une passoire et laissez-les égoutter. Faites tremper les morilles pendant 15 minutes dans de l'eau très chaude. Faites-les égoutter et lavez-les bien afin d'enlever le sable s'il en reste.

2 Épluchez les gousses d'ail et coupez-les en deux. Pilez le piment très finement dans un mortier. Parez et lavez les pois gourmands. Essuyez les champignons de Paris avec du papier absorbant et coupez-les en lamelles régulières. Égouttez et coupez les petits épis de maïs en quatre dans le sens de la longueur. Coupez le tofu en dés. Épluchez le gingembre et râpez-le finement.

3 Recouvrez les nouilles d'eau bouillante et laissez-les gonfler environ 10 minutes. Versez-les dans une passoire, rincez-les à l'eau chaude et laissez égoutter.

4 Faites chauffer le wok et versez-y l'huile. Faites sauter successivement les pois gourmands, les champignons, l'ail et les morilles à feu vif en remuant environ 2 minutes. Réservez les légumes sur le bord du wok. Versez le maïs, les crevettes et les dés de tofu dans le wok, et faites sauter le tout 1 minute à feu vif en remuant.

5 Ajoutez la sauce soja, le gingembre râpé, la sauce d'huîtres et le piment écrasé. Mélangez bien les légumes aux crevettes et aux épices, salez, poivrez et laissez revenir environ 1 minute. Mélangez les nouilles avec les légumes aux crevettes et servez très chaud.

Curry de la mer
à la mangue

L'association inattendue de fruits et de crustacés donne à ce curry une note festive et raffinée.

Ingrédients

500 g de fruits de mer surgelés (crevettes, moules, calmars, par exemple)
2 mangues
3 cuill. à soupe de noix de coco râpée
3 cuill. à soupe de lait de coco
2 pincées de piment en poudre
2 cuill. à soupe de curry en poudre
2 branches de céleri
1 grosse carotte · 2 oignons
3 gousses d'ail · 1/2 citron
2 cuill. à soupe d'huile d'arachide
5 cuill. à soupe d'huile de sésame
Sel · Poivre du moulin

Préparation

POUR 4 PERSONNES

1 Décongelez les fruits de mer en suivant les instructions figurant sur l'emballage. Rincez-les et séchez-les bien.

2 Épluchez les mangues et coupez la chair en tranches d'environ 5 mm d'épaisseur. Mixez-en la moitié avec la noix de coco râpée, le lait de coco, le piment en poudre, le curry et 3 cuillerées à soupe d'eau, jusqu'à ce que le mélange ait la consistance d'une sauce.

3 Gardez quelques feuilles de céleri pour la décoration. Pelez la carotte et les branches de céleri, lavez-les et détaillez-les en dés. Pelez les oignons, épluchez l'ail et émincez-les. Pressez le demi-citron et réservez le jus.

4 Faites chauffer l'huile d'arachide dans le wok et faites-y revenir les légumes. Ajoutez les fruits de mer et saisissez-les rapidement. Incorporez la sauce et laissez cuire doucement environ 8 minutes. Si le mélange épaissit trop, allongez-le d'un peu de lait de coco ou d'eau. Ajoutez le jus de citron et l'huile de sésame, salez et poivrez. Décorez le plat avec le reste des tranches de mangue et les feuilles de céleri.

Variante

Ce curry de la mer peut être préparé uniquement avec des crevettes. Vous pouvez utiliser des crevettes fraîches ou des crevettes surgelées crues (grises) ou cuites (roses).

Crevettes
à l'aigre-doux

Ingrédients

1 blanc d'œuf

2 cuill. à soupe de vinaigre balsamique

4 cuill. à soupe de vin de riz

2 cuill. à soupe de sauce soja

1 cuill. à soupe de ketchup

Sel · Poivre

20 grosses crevettes décortiquées

2 poivrons rouges

4 petits oignons nouveaux

1 piment rouge

2 cuill. à soupe de Maïzena

5 cuill. à soupe d'huile

1 pointe de gingembre moulu

4 cuill. à soupe de fond de homard

Préparation

POUR 4 PERSONNES

1 Battez le blanc d'œuf en neige légère, mélangez-y le vinaigre, le vin de riz, la sauce soja et le ketchup pour obtenir une marinade. Salez et poivrez. Rincez les crevettes à l'eau froide, laissez-les égoutter et faites-les mariner 20 minutes dans la sauce.

2 Lavez les poivrons, ôtez les pépins et coupez-les en dés. Parez et lavez les petits oignons, puis coupez-les en rondelles. Lavez, épépinez le piment et hachez-le fin.

3 Retirez les crevettes de la marinade, laissez-les égoutter et saupoudrez-les de Maïzena. Faites chauffer l'huile dans le wok et faites-y revenir les crevettes en remuant. Retirez-les, couvrez-les et réservez-les au chaud.

4 Faites cuire les légumes dans la matière grasse environ 5 minutes à feu moyen en remuant. Assaisonnez avec le gingembre. Mouillez avec la marinade et le fond de homard. Laissez mijoter 3 minutes et incorporez les crevettes.

Gambas
en manteau de poireaux

Ingrédients

8 gambas sans tête
(de 40 g)
2 poireaux
Sel · 2 gousses d'ail
1 noisette de gingembre frais
1/2 botte de persil
1 cuill. à soupe de miel liquide
Le jus de 1 citron
4 cuill. à soupe de xérès sec
4 cuill. à soupe d'huile de sésame
Poivre du moulin

Préparation

POUR 4 PERSONNES

1 Décortiquez les gambas. Avec la pointe d'un couteau, entaillez le dos des gambas et retirez le filament noir. Rincez et essuyez les gambas.

2 Parez et fendez les poireaux, lavez-les. Prélevez 8 jolies feuilles et faites-les blanchir à l'eau salée. Rafraîchissez-les sous un jet d'eau fraîche et laissez-les égoutter.

3 Épluchez et hachez finement l'ail et le gingembre. Lavez et secouez le persil pour le sécher. Effeuillez les tiges et hachez finement les feuilles. Mélangez le hachis d'ail, de gingembre et de persil, le miel, le jus de citron, le xérès et 3 cuillerées à soupe d'huile de sésame. Salez et poivrez la marinade. Versez les gambas dans la marinade et laissez-les mariner 20 minutes.

4 Retirez les gambas de la marinade et essuyez-les. Enroulez chaque gamba dans une feuille de poireau et piquez-la avec un bâtonnet. Faites chauffer le wok et versez-y le reste d'huile. Faites dorer les rouleaux 5 minutes. Saupoudrez-les de graines de sésame et servez-les sur un lit de rondelles de citron vert.

Crevettes sautées
sauce piquante

Les crevettes, les germes de soja et la purée de piment vous mettront délicieusement l'eau à la bouche.

Ingrédients

250 g de nouilles chinoises aux œufs
Sel
1 botte d'oignons blancs
1 gousse d'ail
50 g de germes de soja
3 cuill. à soupe d'huile
16 crevettes décortiquées
2 cuill. à soupe de Maïzena
25 cl de bouillon de légumes
1/2 cuill. à café de purée de piment
1 cuill. à café de sucre
1 cuill. à soupe de jus de citron
2 cuill. à café de concentré de tomate

Préparation

POUR 4 PERSONNES

1. Faites cuire les nouilles dans une grande quantité d'eau bouillante salée, en suivant les instructions figurant sur le paquet, rincez-les à l'eau froide et laissez-les égoutter.
2. Parez et lavez les oignons blancs, puis coupez-les en rondelles. Épluchez l'ail. Lavez les germes de soja.
3. Faites chauffer le wok et versez-y 1 cuillerée à soupe d'huile. Faites dorer les nouilles pour les rendre croustillantes, sortez-les du wok et réservez-les au chaud. Versez l'huile restante dans le wok pour faire revenir les crevettes. Pressez l'ail par-dessus et faites revenir.
4. Après environ 8 minutes, retirez les crevettes et réservez-les au chaud. Faites ensuite sauter les oignons. Ajoutez les germes de soja et laissez cuire 2 minutes de plus.
5. Délayez la Maïzena dans le bouillon, puis incorporez la purée de piment, le sucre, le jus de citron et le concentré de tomate. Versez dans le wok, portez à ébullition, salez.
6. Répartissez les nouilles dans des petits bols, recouvrez avec les légumes et les crevettes, et versez la sauce par-dessus.

Astuce

Les germes – ou pousses – de soja sont le résultat de la germination des graines du haricot mungo. Ils peuvent être consommés crus, en salade, ou cuits.

Crevettes

aux nouilles et aux poireaux

Pour les grandes occasions ou les repas improvisés :
un plat complet, rapide et facile à préparer.

Ingrédients

200 g de nouilles Mie
3 cuill. à soupe d'huile
250 g de crevettes décortiquées
2 blancs de poireau
3 carottes
1 noix de gingembre frais
12,5 cl de bouillon de légumes
1 cuill. à soupe d'huile de sésame
5 cuill. à soupe de sauce soja
4 cuill. à café de sambal oelek
Sel · Poivre du moulin

Préparation

POUR 4 PERSONNES

1 Plongez les nouilles dans une grande quantité d'eau bouillante salée. Retirez la casserole du feu et laissez gonfler les nouilles 5 minutes. Égouttez les nouilles, arrosez-les de 1 cuillerée à soupe d'huile et mélangez.

2 Rincez les crevettes et épongez-les. Parez, lavez et découpez les blancs de poireaux en lamelles. Pelez et coupez les carottes en bâtonnets. Pelez et râpez finement le gingembre.

3 Faites chauffer le wok et versez-y l'huile restante. Faites dorer le hachis d'ail et de gingembre 2 minutes. Retirez le hachis et faites sauter les bâtonnets de carottes en remuant fréquemment. Mouillez avec le bouillon, couvrez et laissez cuire les carottes 5 minutes. Retirez les carottes.

4 Faites chauffer l'huile de sésame dans le wok et faites sauter les crevettes 2 minutes. Ajoutez les nouilles et les légumes, mélangez et faites réchauffer les ingrédients. Assaisonnez avec la sauce soja et la purée de piment (sambal oelek), du sel et du poivre.

Astuce

Si vous utilisez des crevettes surgelées, recouvrez-les avec un linge et faites-les décongeler à température ambiante. Ne les faites pas décongeler au micro-ondes, cela durcit la chair.

Nouilles de riz
aux fruits de mer

Voici une combinaison idéale : crevettes, calmars, moules et basilic thaïlandais se marient en une fantaisie de pâtes à la thaïlandaise.

Ingrédients

200 g de nouilles de riz fines
100 g de crevettes crues non décortiquées
100 g de calmars
1 gros oignon
2 piments rouges
2 piments verts
3 branches de basilic thaïlandais
3 gousses d'ail
3 cuill. à soupe d'huile
100 g de coquillages (moules ou praires)
2 cuill. à soupe de sauce d'huîtres
2 cuill. à soupe de nuoc-mâm

Préparation

POUR 4 PERSONNES

1 Laissez gonfler les nouilles de riz 10 minutes dans de l'eau tiède. Versez-les dans une passoire et coupez-les en morceaux d'environ 5 cm de longueur avec une paire de ciseaux.

2 Lavez les crevettes, décortiquez-les et ôtez le filament noir. Parez et lavez soigneusement les calmars et coupez-les en lamelles.

3 Épluchez l'oignon. Lavez et épépinez les piments. Coupez l'oignon et les piments en fines lamelles. Lavez et séchez le basilic. Détachez les feuilles et ciselez-les. Épluchez les gousses d'ail et hachez-les finement.

4 Faites chauffer le wok et versez-y l'huile. Faites fondre l'ail à feu moyen. Ajoutez les fruits de mer et mélangez. Assaisonnez avec la sauce d'huîtres et le nuoc-mâm.

5 Ajoutez les nouilles de riz égouttées et faites revenir le tout 3 minutes en remuant. À la fin, ajoutez le basilic et les lamelles de piments et d'oignon. Mélangez bien le tout et laissez cuire encore 3 minutes.

Variante

Ce plat épicé est idéal pour les jours d'été. Si vous préférez les mets moins épicés, remplacez les piments par une tige de citronnelle hachée menu.

Morue

au chou

Ingrédients

2 carottes · 1 poireau

1 gousse d'ail

150 g de chou chinois

150 g de chou de Milan

4 cuill. à soupe de germes de soja

700 g de filets de morue

2 cuill. à soupe de jus de citron

Sel · Poivre du moulin

1 cuill. à soupe de farine de riz

3 échalotes

2 tiges de citronnelle

2 cuill. à soupe d'huile

20 cl de fond de poisson

1 pomme de terre cuite à l'eau

Préparation

POUR 4 PERSONNES

1 Pelez les carottes. Épluchez la gousse d'ail. Lavez le poireau et les choux et coupez tous les légumes en lamelles. Ébouillantez les germes de soja dans une passoire et laissez-les égoutter.

2 Rincez et épongez les filets de morue, coupez-les en morceaux de la grosseur d'une bouchée. Arrosez le poisson de jus de citron, salez et poivrez. Roulez le poisson dans la farine. Épluchez et hachez les échalotes. Coupez la partie blanche de la citronnelle en morceaux et écrasez-la avec le plat du couteau.

3 Faites chauffer le wok et versez-y l'huile. Faites revenir le poisson et réservez-le. Faites sauter les carottes, le poireau et les choux ; les légumes doivent rester croquants. Retirez les légumes et faites revenir les échalotes et la citronnelle. Mouillez avec le fond de poisson. Épluchez et hachez l'ail, versez le hachis dans le wok. Laissez mijoter la sauce 3 minutes, retirez la citronnelle.

4 Passez la pomme de terre au presse-purée et, à l'aide d'un fouet, incorporez la purée dans la sauce. Salez et poivrez. Versez le poisson et les légumes dans le wok, et faites-les réchauffer.

Calmars
et pois gourmands

Ingrédients

400 g de calmars
(frais ou surgelés)
Sel · 200 g de pois gourmands
2 poivrons verts
3 gousses d'ail
2 cuill. à soupe d'huile de sésame
2 cuill. à café de gingembre râpé
4 cuill. à soupe de sauce
soja claire
6 cuill. à soupe de sauce d'huîtres
4 cuill. à soupe de vin de riz
(ou de xérès)
12,5 cl de bouillon de volaille
1 1/2 cuill. à café de Maïzena

Préparation

POUR 4 PERSONNES

1 Rincez les calmars à l'eau froide, séchez-les et coupez-les en rondelles. Remplissez d'eau salée une grande casserole et portez à ébullition. Plongez-y les rondelles de calmars pendant 1 minute et égouttez-les dans une passoire.

2 Lavez les pois gourmands et séchez-les. Fendez les poivrons verts en deux, épépinez-les, passez-les sous l'eau et coupez-les en lamelles fines. Épluchez l'ail et émincez-le.

3 Faites chauffer l'huile dans le wok et faites-y revenir l'ail et le gingembre 1 à 2 minutes. Ajoutez les pois gourmands et les poivrons, et laissez cuire 1 à 2 minutes. Incorporez la sauce soja, la sauce d'huîtres, le vin de riz et le bouillon, et faites bouillir 1 minute. Délayez la Maïzena dans un bol avec un peu d'eau froide, versez-la dans le wok et laissez le mélange épaissir.

4 Ajoutez les rondelles de calmars, remuez bien et laissez mijoter quelques minutes. Rectifiez l'assaisonnement et servez avec du riz basmati.

Calmars
sur leur lit de légumes

Voici un classique impressionnant et raffiné qui vous vaudra les compliments de tous vos convives.

Ingrédients

500 g de blancs de calmars
150 g de pois gourmands
1 poivron jaune
1 poivron rouge
200 g de concombre
3 gousses d'ail
2 piments rouges
1 bouquet de basilic thaïlandais
100 g de germes de soja
5 cuill. à soupe d'huile d'arachide
3 cuill. à soupe de jus de citron vert
4 cuill. à soupe de sauce soja claire

Préparation

POUR 4 PERSONNES

1 Lavez et essuyez les blancs de calmars. Ouvrez-les au couteau, faites des entailles en losange sur leur face interne, puis coupez-les en morceaux.

2 Parez et lavez les pois gourmands. Parez et lavez les poivrons, puis coupez-les en fines lamelles dans le sens de la longueur. Lavez le concombre et coupez-le en fines rondelles. Épluchez l'ail, lavez et épépinez les piments, puis hachez-les finement.

3 Lavez et séchez le basilic, puis détachez les feuilles. Faites blanchir les germes de soja 2 minutes et laissez-les égoutter.

4 Faites chauffer le wok et versez-y 2 cuillerées à soupe d'huile. Faites revenir les morceaux de calmars. Ajoutez le piment et l'ail, faites revenir 5 minutes de plus. Mouillez avec le jus de citron vert et la sauce soja et mélangez bien. Retirez les morceaux de calmars et réservez-les au chaud.

5 Faites chauffer l'huile restante dans le wok. Faites-y cuire les pois gourmands et les lamelles de poivrons. Ajoutez le concombre et les germes de soja, laissez cuire encore. Incorporez les morceaux de calmars et les feuilles de basilic, et servez peu après.

Astuce

Ce plat sera encore meilleur si vous le préparez avec des blancs de calmars frais. Mais vous pouvez, bien sûr, utiliser à défaut une quantité identique d'anneaux de calmars surgelés.

Riz sauté
à l'asiatique

Ce plat complet marie les saveurs sucrées et salées et renouvelle la tradition de la cuisine au wok.

Ingrédients

1 gros oignon
400 g de fenouil
1 poivron rouge
150 g de germes de soja
3 cuill. à soupe d'huile de sésame
150 g de riz
2 cuill. à soupe de sauce soja
500 g de filet de poisson (sébaste, dorade ou autre)
1 cuill. à soupe de jus de citron
250 g de pommes
100 g de crevettes cuites
50 g de raisins secs
Quelques brins d'aneth

Préparation

POUR 4 PERSONNES

1. Épluchez l'oignon et coupez-le en dés. Lavez et parez le fenouil et le poivron, puis coupez-les en fines lamelles. Lavez et égoutter les germes de soja.
2. Faites chauffer le wok et versez-y l'huile. Faites suer les dés d'oignon, ajoutez le riz et faites rapidement sauter. Ajoutez les lamelles de fenouil et de poivron et laissez revenir le tout environ 10 minutes en remuant. Mouillez avec 25 cl d'eau et la sauce soja, et laissez mijoter 25 minutes.
3. Coupez le poisson en bouchées, arrosez de jus de citron et laissez mariner 10 minutes. Pendant ce temps, épluchez les pommes, coupez-les en quatre, ôtez-en le cœur et coupez-les en fines lamelles.
4. Ajoutez les lamelles de pommes et les morceaux de poisson dans le wok et laissez cuire environ 10 minutes. Mettez les crevettes dans une passoire, rincez-les à l'eau froide, laissez-les égoutter et incorporez-les au riz.
5. Ajoutez les raisins secs, les germes de soja et l'aneth et mélangez délicatement. Laissez les saveurs se développer pendant environ 2 minutes, décorez à votre gré d'aneth et servez.

Astuce

Ce sont les pommes légèrement acides qui ne fondent pas trop vite qui donneront le meilleur arôme à votre poêlée. Utilisez, par exemple, des reines, des reinettes ou des belles de Boskoop.

Curry de poisson
au riz safrané

Ingrédients

200 g de riz basmati

3 clous de girofle · 1 bâton de cannelle

1 cuill. à café de cardamome

600 g de filets de cabillaud

2 échalotes · 2 gousses d'ail

1 noix de gingembre frais

2 brins de coriandre

2 cuill. à soupe d'huile de sésame

4 cuill. à soupe de sauce soja

6 cuill. à soupe de lait de coco non sucré

2 cuill. à café de curry et 1 cuill. à café de piment en poudre

1 dose de stigmates de safran

1 cuill. à soupe d'amandes en poudre

1 cuill. à soupe de jus de citron

Sel · Poivre du moulin

Préparation

POUR 4 PERSONNES

1 Rincez le riz, versez-le dans une casserole, recouvrez-le d'eau (1 fois sa hauteur) et faites-le bouillir avec les clous de girofle, la cannelle et les capsules de cardamome. Laissez gonfler le riz 20 minutes. Retirez les épices.

2 Rincez et épongez les filets de poisson, coupez-les en morceaux de la grosseur d'une bouchée. Épluchez et hachez l'ail et les échalotes. Pelez et râpez finement le gingembre. Rincez et épongez la coriandre, effeuillez les brins et hachez grossièrement les feuilles.

3 Faites chauffer le wok et versez-y l'huile. Faites revenir le hachis d'échalotes. Ajoutez l'ail et le gingembre, et faites-les revenir.

4 Mouillez avec la sauce soja et le lait de coco. Ajoutez le curry et le piment, le safran, la poudre d'amandes, le jus de citron, et mélangez. Salez et poivrez.

5 Ajoutez les filets de poisson et faites cuire la sauce 4 minutes à feu moyen, en remuant. En fin de cuisson, ajoutez la coriandre hachée et servez le curry de poisson accompagné de riz aux épices.

Beignets de poisson
au sésame

Ingrédients

16 feuilles de papier de riz
600 g de filets de poisson (cabillaud, perche, églefin)
Sel · Poivre du moulin
Le jus de 1 citron
15 cl d'huile
2 cuill. à soupe de graines de sésame grillées
1 gousse d'ail
2 piments rouges
1 cuill. à soupe de sucre
10 cl de vinaigre de riz
2 cuill. à soupe de menthe hachée
2 cuill. à soupe de coriandre hachée

Préparation

POUR 4 PERSONNES

1 Humidifiez les feuilles de papier de riz entre vos mains mouillées. Rincez et épongez les filets de poisson puis recoupez-les pour obtenir 16 morceaux. Salez, poivrez et arrosez le poisson de jus de citron.

2 Déposez un morceau de poisson sur une feuille de papier de riz. Rabattez les petits côtés de la feuille sur le poisson et roulez.

3 Faites chauffer le wok et versez-y l'huile. Faites frire les rouleaux les uns après les autres. Retirez les rouleaux et faites-les égoutter sur du papier absorbant. Saupoudrez-les de sésame grillé.

4 Épluchez et hachez finement l'ail. Partagez les piments et épépinez-les. Lavez et hachez la chair finement. Saupoudrez les piments de sucre. Ajoutez le vinaigre, la menthe et la coriandre, et mélangez. Salez et poivrez la sauce. Servez les beignets de poisson avec la sauce au piment.

Bouchées
de poisson pané

Ces petites bouchées de poisson raffinées, entourées d'un manteau croustillant, sont un véritable délice.

Ingrédients

250 g de riz basmati
1 bouquet de coriandre
100 g de brocoli
100 g de carottes
50 g de germes de soja
500 g de filet de poisson
6 cuill. à soupe de jus de citron
Sel · Poivre du moulin
Farine · 2 œufs
1 cuill. à soupe d'huile de sésame
1 cuill. à café de gingembre moulu
Huile de friture

Préparation

POUR 4 PERSONNES

1 Versez le riz dans une passoire, rincez-le à l'eau froide, faites-le bouillir dans deux fois son volume d'eau, salez, couvrez et laissez gonfler à feu doux. Lavez et séchez la coriandre, hachez-la grossièrement et mélangez-la au riz.

2 Lavez le brocoli et divisez-le en fleurettes. Épluchez les carottes, coupez-les en quatre dans le sens de la longueur, puis en dés. Lavez les germes de soja et laissez-les égoutter.

3 Découpez le poisson en bouchées et arrosez-le de jus de citron. Faites-le mariner 5 minutes, puis salez et poivrez. Répartissez la farine sur une assiette plate, battez les œufs avec 1 cuillerée à café d'eau et placez-les dans une deuxième assiette.

4 Faites chauffer le wok et versez-y l'huile de sésame. Faites cuire les légumes environ 5 minutes en remuant. Ajoutez le soja et le gingembre. Salez et poivrez. Incorporez le mélange de légumes au riz cuit.

5 Nettoyez le wok, versez-y une grande quantité d'huile de friture et faites chauffer. Passez les morceaux de poisson dans la farine et dans les œufs battus, puis faites-les frire dans la matière grasse très chaude jusqu'à ce qu'ils soient dorés. Dressez sur le riz aux légumes.

Accompagnement

Sauce épicée aux abricots : mélangez 3 cuillerées à soupe de sauce soja, 1 cuillerée à café de purée de piment, 1 cuillerée à soupe de jus de citron et 4 cuillerées à soupe de marmelade d'abricots. Relevez avec une pointe de gingembre moulu.

Nouilles de riz
à la lotte et aux champignons

Une envie de mer : les nouilles, combinées à la chair noble de la lotte, satisferont les gourmets.

Ingrédients

2 gousses d'ail · 1 piment rouge
1 noix de gingembre frais
150 g de champignons shiitake
1 botte d'oignons nouveaux
1/2 bouquet de coriandre
Sel
250 g de nouilles de riz
2 cuill. à soupe d'amandes effilées
500 g de filet de lotte
3 cuill. à soupe d'huile d'arachide
2 cuill. à soupe d'huile de sésame
2 cuill. à soupe de sauce soja
2 cl de xérès (fino)

Préparation

POUR 4 PERSONNES

1 Épluchez l'ail et pelez le gingembre puis hachez-les finement. Fendez le piment en deux, épépinez-le, lavez-le et coupez-le en fines lamelles. Coupez les pieds des shiitake, nettoyez les têtes et émincez-les. Lavez les oignons et coupez le bout des tiges en biais sur environ 2 cm. Lavez la coriandre, séchez-la et effeuillez-la.

2 Portez une grande casserole d'eau salée à ébullition. Jetez-y les nouilles et faites-les cuire *al dente*, en suivant les instructions figurant sur le paquet. Rincez-les immédiatement à l'eau froide et égouttez-les.

3 Faites griller les amandes effilées à sec dans le wok. Lavez le filet de lotte, séchez-le et coupez-le en 8 médaillons. Faites chauffer 2 cuillerées à soupe d'huile d'arachide dans le wok et saisissez les médaillons à feu vif, environ 1 minute de chaque côté. Retirez-les du feu et réservez-les.

4 Faites chauffer 1 cuillerée à soupe d'huile d'arachide dans le wok, mettez-y l'ail, le gingembre, le piment, les shiitake et les oignons, et faites-les revenir environ 2 minutes en remuant. Ajoutez les nouilles, les amandes, l'huile de sésame, la sauce soja, le xérès et les médaillons de lotte, et réchauffez durant quelques minutes. Salez et décorez avec les feuilles de coriandre.

Variante

Vous pouvez remplacer la lotte par un autre poisson à chair ferme qui ne se défait pas à la cuisson : des filets de sandre, par exemple.

Cassolette de poisson
à l'aigre-doux

Ingrédients

600 g de filets de poissons variés
1 noix de gingembre
2 gousses d'ail
2 oignons nouveaux
150 g de pousses de bambou
150 de champignons de Paris frais
3 cuill. à soupe d'huile
4 cuill. à soupe de chutney de mangue
5 cuill. à soupe de vinaigre de riz
4 cuill. à café de xérès
4 cuill. à soupe de sauce soja
2 cuill. à soupe de sucre
10 cl de bouillon de légumes
1 cuill. à café rase de Maïzena
Sel · Poivre du moulin

Préparation

POUR 4 PERSONNES

1 Découpez les filets de poisson en bouchées. Épluchez le gingembre et l'ail, hachez-les finement. Parez et lavez les petits oignons, découpez-les en très fines lamelles. Faites égoutter les pousses de bambou. Nettoyez les champignons de Paris et coupez-les en fines lamelles.

2 Faites chauffer le wok et versez-y l'huile. Faites revenir les morceaux de poisson, retirez-les et réservez-les au chaud.

3 Mettez le gingembre et l'ail dans le wok et faites-les revenir. Ajoutez les champignons, les oignons et le bambou et laissez cuire à feu moyen 3 minutes en remuant. Incorporez le chutney de mangue, le vinaigre, le xérès, la sauce soja, le sucre et le bouillon.

4 Incorporez délicatement les morceaux de poissons. Délayez la Maïzena dans 2 cuillerées à soupe d'eau, versez sur le poisson et mélangez rapidement. Laissez mijoter encore 2 minutes. Salez, poivrez et servez.

Loup de mer
en sauce rouge

Ingrédients

100 g de cœurs de palmier
1 poivron jaune
3 oignons nouveaux
1 noix de gingembre frais
3 gousses d'ail
400 g de filet de loup
2 1/2 cuill. à café de Maïzena
3 cuill. à soupe de vin de riz
6 cuill. à soupe de coulis de tomate
1 cuill. à soupe de sucre roux
2 cuill. à soupe de vinaigre de riz
1 cuill. à soupe de sauce soja
4 cuill. à soupe d'huile d'arachide

Préparation

POUR 4 PERSONNES

1 Faites égoutter les cœurs de palmier dans une passoire et coupez-les en lamelles. Coupez le poivron en deux, ôtez les pépins et les parties blanches. Lavez les demi-poivrons et coupez-les en fines lamelles. Parez et lavez les oignons, puis coupez-les en rondelles. Épluchez le gingembre et l'ail et hachez-les. Coupez le filet de poisson en lamelles.

2 Mélangez 2 cuillerées à café de Maïzena avec 1 cuillerée à soupe d'eau, du sel et 1 cuillerée à soupe de vin de riz. Faites mariner le poisson 10 minutes.

3 Mélangez le coulis de tomate, le sucre, le vinaigre et 2 cuillerées à soupe de vinaigre de riz avec 4 cuillerées à soupe d'eau. Incorporez le reste de Maïzena et la sauce soja.

4 Faites chauffer l'huile dans le wok. Égouttez les morceaux de poisson marinés, faites-les dorer, retirez-les et réservez-les au chaud. Faites cuire le poivron, les oignons, le gingembre et l'ail 4 minutes. Ajoutez les cœurs de palmier et la sauce, laissez mijoter 2 minutes. Incorporez le poisson.

Viandes et volailles

Blancs de poulet
sauce aigre-douce

Une recette savoureuse et légère, à laquelle l'ananas apporte son parfum sucré et le gingembre sa saveur pimentée.

Ingrédients

2 gousses d'ail
1 noix de gingembre
6 cuill. à soupe de sauce soja claire
4 cuill. à soupe de vinaigre de riz
1 cuill. à café de cinq-épices
500 g de blancs de poulet
1 botte d'oignons nouveaux
4 carottes · 1/4 d'ananas
2 cuill. à soupe d'huile d'arachide
40 cl de bouillon de volaille
3 cuill. à soupe de concentré de tomates
2 cuill. à café de Maïzena
1 cuill. à café de sucre
Sel · Poivre du moulin

Préparation

POUR 4 PERSONNES

1 Épluchez l'ail, pelez le gingembre et détaillez-les en tout petits dés. Versez-les dans un saladier et mélangez-les avec la sauce soja, le vinaigre de riz et le cinq-épices. Détaillez les blancs de poulets en dés, ajoutez-les au mélange et laissez-les mariner environ 30 minutes.

2 Parez les oignons nouveaux et émincez-les en biais. Pelez les carottes, lavez-les et détaillez-les en petits bâtonnets. Ôtez l'écorce et le cœur dur de l'ananas, et détaillez la chair en petits morceaux.

3 Faites chauffer l'huile dans le wok et faites-y revenir le poulet en réservant la sauce de la marinade. Ajoutez les oignons et les bâtonnets de carotte.

4 Versez dans la sauce de la marinade le bouillon, le concentré de tomates et la Maïzena. Incorporez le mélange au poulet, dans le wok, et portez-le à ébullition. Ajoutez l'ananas et le sucre, salez et poivrez. Laissez cuire doucement pendant quelques minutes et servez avec du riz basmati.

Astuce

Vous pouvez remplacer les blancs de poulet par des magrets de canard cuits sans la peau. Coupez-les en lamelles fines et saisissez-les pendant quelques secondes seulement pour que la chair reste rosée.

Poulet sauté
au gingembre

Le riz basmati parfumé et un soupçon de gingembre ouvrent l'appétit pour ce blanc de poulet léger et ces légumes croquants.

Ingrédients

250 g de riz basmati

6 petits oignons nouveaux

6 petites carottes

500 g de blancs de poulet

Sel · Poivre du moulin

4 cuill. à café de Maïzena

4 cuill. à soupe d'huile

200 g de germes de soja

1 cuill. à café de gingembre moulu

4 cuill. à soupe de vin de riz

4 cuill. à soupe de sauce soja

Préparation

POUR 4 PERSONNES

1 Lavez le riz sous l'eau courante et faites-le bouillir dans le double de son volume d'eau. Salez légèrement, couvrez et laissez gonfler à feu doux.

2 Parez et lavez les petits oignons, puis coupez-les en fines rondelles. Épluchez les carottes, coupez-les en deux dans le sens de la longueur, puis en tronçons.

3 Coupez les blancs de poulet en fines lamelles transversales. Salez, poivrez et saupoudrez de Maïzena.

4 Faites chauffer le wok et versez-y l'huile. Faites revenir la viande en remuant, ôtez-la et réservez-la au chaud. Mettez les petits oignons, les carottes et le soja lavé dans le wok et faites-les cuire 5 minutes en remuant de temps en temps. Assaisonnez avec le gingembre, le vin de riz et la sauce soja. Amenez à ébullition, salez et poivrez.

5 Dressez les légumes sur des assiettes, répartissez la viande dessus et servez avec le riz basmati.

Astuce

Le gingembre a un arôme typique légèrement pimenté. Ses huiles essentielles facilitent la digestion et renforcent le système immunitaire. Le gingembre frais a plus de saveur que le gingembre moulu.

Poulet sauté
aux morilles

Ingrédients

12 morilles séchées
1 gousse d'ail
1 piment vert
600 g de blancs de poulet
1 cuill. à soupe de Maïzena
4 cuill. à soupe de sauce soja
8 cuill. à soupe de vin de riz
15 g de gingembre moulu
1 poireau
3 grosses carottes
300 g de chou-fleur
6 cuill. à soupe d'huile de soja
200 g de germes de soja
Sel · Poivre du moulin
1 cuill. à soupe de feuilles
de coriandre hachées

Préparation

POUR 4 PERSONNES

1 Faites tremper les morilles 30 minutes dans de l'eau chaude. Épluchez l'ail. Lavez et épépinez le piment. Hachez finement l'ail et le piment.

2 Coupez les blancs de poulet en lamelles. Délayez la Maïzena dans la sauce soja et le vin de riz. Ajoutez le gingembre, le piment et l'ail. Laissez mariner la viande 30 minutes.

3 Parez et lavez les légumes. Coupez le poireau en rondelles, les carottes en lamelles et divisez le chou-fleur en fleurettes.

4 Faites chauffer le wok et versez-y 1 cuillerée à soupe d'huile. Retirez le poulet de la marinade, faites-le rapidement égoutter et faites revenir chaque portion à feu vif dans le wok. Retirez-les au fur et à mesure.

5 Faites chauffer l'huile restante dans le wok et faites cuire le poireau, les carottes et le chou-fleur sans qu'ils perdent leur croquant. Ajoutez les morilles, les germes de soja lavés et la viande. Ajoutez la marinade, salez et poivrez. Laissez mijoter, puis incorporez la coriandre.

Blancs de poulet
aux nouilles de riz

Ingrédients

4 blancs de poulet
2 cuill. à soupe de sauce soja
3 poivrons (1 rouge, 1 jaune, 1 vert)
100 g de champignons shiitake
100 g de pois gourmands
200 g de chou chinois
150 g de germes de soja
5 cuill. à soupe d'huile de sésame
Sel · 1 cuill. à soupe de Maïzena
1/2 cuill. à soupe de pâte de curry rouge
1 cuill. à soupe de gingembre moulu
1 cuill. à soupe de feuilles de coriandre hachées
150 g de nouilles de riz cuites
8 cl de fond de volaille

Préparation

POUR 4 PERSONNES

1 Coupez la viande en fines lamelles que vous mélangez à la sauce soja. Laissez-les mariner 30 minutes.

2 Lavez les poivrons et faites-les griller dans le four préchauffé à 220 °C, jusqu'à ce que la peau brunisse et cloque. Laissez-les refroidir sous un linge, pelez-les et coupez-les en fines lamelles.

3 Nettoyez les champignons et coupez-les en lamelles. Parez et lavez les légumes. Coupez le chou chinois en lamelles.

4 Faites chauffer 2 cuillerées à soupe d'huile dans le wok et faites-y revenir vivement les légumes. Salez, puis retirez les légumes et réservez-les au chaud.

5 Saupoudrez les lamelles de poulet de Maïzena et faites-les revenir à feu vif dans le reste d'huile. Incorporez la pâte de curry, le gingembre et la coriandre. Ajoutez les nouilles et les légumes, et mouillez avec le fond de volaille. Laissez mijoter encore 2 minutes.

Beignets de poulet
au sésame

Une merveille croustillante : les morceaux de poulet épicés s'enrobent d'un fin manteau de pâte aux graines de sésame.

Ingrédients

1 blanc d'œuf
150 g de farine
3 cuill. à soupe de Maïzena
2 cuill. à café de levure
Sel · Poivre du moulin
8 cuill. à soupe d'huile
10 g de gingembre moulu
7 cuill. à soupe de sauce soja
5 cuill. à soupe de vin de riz
500 g de blancs de poulet
2 grosses carottes
1 botte d'oignons blancs
250 g de germes de soja
2 cuill. à soupe de graines de sésame
Huile de friture

Préparation

POUR 4 PERSONNES

1 Pour la pâte à frire, battez le blanc d'œuf en neige ferme. Mélangez la farine, la Maïzena, la levure, le sel et le poivre, et incorporez-les tour à tour avec 20 cl d'eau au blanc d'œuf en neige. Pour finir, ajoutez 6 cuillerées à soupe d'huile. Laissez reposer la pâte 30 minutes.

2 Mélangez le gingembre avec 2 cuillerées à soupe de sauce soja et 2 cuillerées à soupe de vin de riz. Arrosez la viande avec ce mélange, couvrez et réservez.

3 Épluchez les carottes et coupez-les en lamelles. Parez les oignons, puis coupez-les en biais en lamelles. Lavez les germes de soja et laissez-les égoutter.

4 Faites chauffer le wok et versez-y 2 cuillerées à soupe d'huile. Faites sauter les carottes et les oignons. Ajoutez la sauce soja restante, le vin de riz et 3 cuillerées à soupe d'eau, laissez cuire 5 minutes. Incorporez les germes de soja, réchauffez rapidement et assaisonnez. Réservez les légumes au chaud.

5 Nettoyez le wok et faites-y chauffer de l'huile. Incorporez les graines de sésame à la pâte à frire. Enrobez la viande de pâte et faites-la frire par portion dans l'huile très chaude 3 minutes. Épongez sur du papier absorbant. Servez avec les légumes.

Variante

Cette pâte à frire convient également à d'autres viandes blanches, le veau et la dinde, par exemple. Vous pouvez également l'utiliser pour faire de délicieux beignets avec des bouchées de poisson ou des légumes blanchis.

Ragoût de poulet
à l'indienne

Ingrédients

4 petits blancs de poulet

1/2 citron non traité

1 cuill. à café de sambal oelek

1 cuill. à café de sucre

Sel · Poivre du moulin

1/2 cuill. à café de coriandre en poudre

3 oignons nouveaux · 2 gousses d'ail

1/2 bouquet de coriandre

300 g de haricots verts

4 cuill. à soupe d'huile de sésame

1 cuill. à café de gingembre râpé

1 cuill. à café de curcuma en poudre

1 cuill. à soupe de curry en poudre

40 cl de lait de coco

Préparation

POUR 4 PERSONNES

1 Coupez les blancs de poulet en lamelles. Prélevez le zeste du 1/2 citron avec un couteau zesteur et pressez le jus. Versez dans un saladier 1 cuillerée à soupe de jus de citron, le zeste, le sambal oelek, le sucre, le sel, le poivre et la coriandre en poudre. Faites mariner la viande environ 20 minutes.

2 Coupez les bulbes d'oignons en quatre et les tiges en tronçons de 3 cm. Épluchez l'ail et hachez-le. Lavez la coriandre, séchez-la et effeuillez-la. Équeutez les haricots verts, lavez-les, égouttez-les et coupez-les en deux. Remplissez une casserole d'eau salée et portez-la à ébullition. Jetez-y les haricots et faites-les cuire 10 minutes. Versez-les dans une passoire, rincez-les à l'eau froide et égouttez-les.

3 Faites chauffer l'huile dans le wok, jetez-y les oignons et l'ail, et saisissez les lamelles de poulet. Ajoutez la sauce de la marinade, le gingembre, le curcuma, le curry et le lait de coco, et laissez mijoter 5 minutes à petit feu.

4 Ajoutez les haricots, salez, poivrez et décorez avec les feuilles de coriandre.

Curry de dinde
au lait de coco

Ingrédients

600 g de filet de dinde

1 poivron rouge

250 g de petits oignons nouveaux

1 gros bouquet de basilic

40 cl de lait de coco non sucré

1 cuill. à soupe de pâte de curry

2 cuill. à soupe de sauce soja

1 cuill. à soupe de sucre

Préparation

POUR 4 PERSONNES

1 Coupez le filet de dinde en fines lamelles à l'aide d'un couteau bien aiguisé.

2 Coupez le poivron en deux dans le sens de la longueur, puis ôtez les pépins et les parties blanches. Lavez-le et coupez-le en fines lamelles. Parez et lavez les petits oignons, puis coupez-les en rondelles de 1 cm de largeur. Lavez et séchez le basilic. Détachez les feuilles. Hachez finement la moitié des feuilles et réservez les autres pour la décoration.

3 Faites bouillir le lait de coco dans le wok, incorporez la pâte de curry et laissez mijoter le tout 1 minute. Ajoutez les lamelles de dinde et laissez mijoter encore 4 minutes. Mélangez de temps en temps.

4 Ajoutez les légumes préparés et laissez mijoter encore 3 minutes. Incorporez le basilic haché, la sauce soja et le sucre. Rectifiez l'assaisonnement. Décorez le ragoût de dinde avec les feuilles de basilic réservées.

Magret de canard
à la coriandre

Le mélange magret de canard, miel et coriandre fera tout particulièrement la joie des amateurs de volaille.

Ingrédients

250 g de nouilles chinoises aux œufs
Sel
600 g de magret de canard
1 cuill. à soupe de miel liquide
4 cuill. à soupe de sauce soja
1/2 cuill. à café de sambal oelek
1 poivron rouge
1 botte d'oignons blancs
3 cuill. à soupe d'huile
2 cuill. à soupe de jus de citron
25 cl de bouillon de volaille
2 cuill. à soupe de feuilles de coriandre hachées

Préparation

POUR 4 PERSONNES

1 Faites cuire les nouilles dans de l'eau salée en suivant les instructions figurant sur le paquet, versez-les dans une passoire, rincez-les à l'eau froide et laissez-les bien égoutter.

2 Coupez le magret de canard en tranches fines. Mélangez le miel avec la sauce soja et le sambal oelek. Placez la viande dans cette sauce et laissez-la mariner 30 minutes.

3 Coupez le poivron en deux dans le sens de la longueur. Ôtez les pépins et les parties blanches. Lavez les moitiés de poivron et coupez-les en fines lamelles. Parez et lavez les oignons. Coupez la partie verte en rondelles et la partie blanche en fines lamelles.

4 Retirez la viande de la marinade, laissez égoutter en recueillant la marinade dans un récipient. Faites griller le magret dans le wok très chaud avec 1 cuillerée à soupe d'huile, puis retirez-le. Faites sauter le poivron et les oignons dans le wok avec l'huile restante sans qu'ils perdent leur croquant. Assaisonnez avec le sel et le jus de citron. Mouillez avec le bouillon et la marinade. Ajoutez le magret de canard et les nouilles et portez à ébullition. Décorez avec les feuilles de coriandre hachées et servez.

Variante

Vous pouvez utiliser du blanc de poulet ou de dinde à la place du magret de canard. Ajoutez alors 2 cuillerées à soupe de jus de citron vert et 1 cuillerée à café de miel dans la marinade pour la viande.

Poêlée de riz
aux magrets de canard

Ingrédients

2 magrets de canard
(de 200 g chacun)
Sel · Poivre du moulin
400 g de riz à grains longs
2 cuill. à soupe d'huile
1 poireau · 2 carottes
$^{1}/_{2}$ ananas
1 piment rouge
1 cuill. à soupe de gingembre râpé
2 cuill. à soupe sauce soja
2 cl de xérès (fino)
5 cuill. à soupe de bouillon
de volaille

Préparation

POUR 4 PERSONNES

1 Remplissez d'eau une grande casserole, salez et portez à ébullition. Faites cuire le riz. Rincez-le immédiatement à l'eau froide et égouttez-le. Préchauffez le four à 180 °C (th. 6). Salez et poivrez les magrets. Faites chauffer de l'huile dans le wok et saisissez les magrets 3 à 4 minutes côté peau et 4 à 5 minutes côté viande. Placez les magrets dans un plat, côté peau vers le haut, et enfournez-les environ 10 minutes. Ils doivent être roses à cœur.

2 Épluchez le poireau, lavez-le et coupez-le en rondelles. Pelez les carottes, lavez-les et détaillez-les en lamelles. Ôtez l'écorce et le cœur dur du $^{1}/_{2}$ ananas, et détaillez la pulpe en petits morceaux. Fendez le piment en deux, épépinez-le, rincez-le et coupez-le en lamelles.

3 Versez les légumes dans le wok et laissez mijoter 10 minutes. Incorporez le piment, le gingembre et le riz. Ajoutez la sauce soja, le xérès, et mouillez avec le bouillon. Coupez les magrets en tranches fines, ajoutez-les délicatement au riz et réchauffez 2 à 3 minutes.

Émincé de canard
en nids de nouilles vertes

Ingrédients

250 g de nouilles vertes japonaises
1 cuill. à soupe de miel liquide
4 cuill. à soupe de sauce soja
1/2 cuill. à café de sambal oelek
2 magrets de canard
(de 300 g chacun)
Sel · 1 oignon nouveau
3 cuill. à soupe d'huile
2 cuill. à soupe de jus
de citron

Préparation

POUR 4 PERSONNES

1 Remplissez d'eau une grande casserole, salez-la et portez-la à ébullition. Jetez-y les nouilles et laissez-les cuire environ 5 minutes à partir de la reprise de l'ébullition. Versez-les dans une passoire, rincez-les à l'eau froide et égouttez-les.

2 Mélangez dans un saladier le miel, la sauce soja et le sambal oelek. Coupez les magrets en tranches, incorporez-les au mélange, couvrez et laissez mariner 30 minutes. Pelez l'oignon et coupez-le en fines rondelles.

3 Faites chauffer l'huile dans le wok et faites-y rissoler les tranches de magret 1 à 2 minutes. Réservez la sauce de la marinade. Salez les magrets et arrosez-les avec le jus de citron. Sortez-les du wok et maintenez-les au chaud. Versez dans le wok la sauce de la marinade et les nouilles, et réchauffez le tout.

4 Façonnez de petits nids de nouilles et recouvrez-les avec les tranches de magret. Décorez avec les rondelles d'oignon.

Porc sauté
à l'aigre-doux

La multitude d'ingrédients typiques de la cuisine chinoise rend cette spécialité classique tout simplement irrésistible.

Ingrédients

750 g de filet de porc
50 g de gingembre frais
4 gousses d'ail
3 piments rouges
250 g de tomates
500 g d'ananas
2 cuill. à soupe d'huile de sésame
2 cuill. à soupe d'huile de tournesol
4 cuill. à soupe de vinaigre de riz
4 cuill. à soupe de sauce soja claire
4 cuill. à café de xérès
2 cuill. à soupe de sucre
25 cl de bouillon de volaille
2 cuill. à café rases de Maïzena

Préparation

POUR 4 PERSONNES

1 Coupez la viande en fines lamelles régulières. Épluchez le gingembre et coupez-le en très fines lamelles. Épluchez l'ail et hachez-le finement. Lavez et épépinez les piments, puis coupez-les en très fines lamelles.

2 Ébouillantez et pelez les tomates, coupez-les en deux, épépinez-les et coupez-les en dés. Épluchez l'ananas, retirez la partie dure centrale et coupez la chair en dés.

3 Faites chauffer le wok et versez-y les huiles de sésame et de tournesol. Faites revenir la viande. Ajoutez le gingembre, l'ail et les piments, et faites sauter rapidement. Ajoutez les tomates et l'ananas ; faites également sauter rapidement. Ajoutez le vinaigre, la sauce soja, le xérès et le sucre. Mouillez avec les trois quarts du bouillon et mélangez bien.

4 Délayez la Maïzena dans le reste de bouillon froid et versez sur la viande. Mélangez bien et laissez mijoter le tout environ 3 minutes.

Variante

Ce plat est un classique de la cuisine chinoise. Vous pouvez faire évoluer la recette en fonction de vos goûts : remplacez les filets de porc par des filets de dinde ou de poulet.

Stir-Fry
au porc

Simple, mais efficace : le stir-fry, très rapide à réaliser, est si savoureux qu'on ne s'en lasse pas.

Ingrédients

400 g de filet de porc
3 cuill. à soupe de sauce d'huîtres
1/2 cuill. à café de poivre
175 g de pousses de bambou
100 g d'épinards frais
2 citrons verts non traités
5 cuill. à soupe d'huile de sésame
1 cuill. à soupe de pâte de curry jaune
2 cuill. à café de sucre

Préparation

POUR 4 PERSONNES

1. Détaillez la viande en dés et placez-les dans un saladier. Arrosez-les avec la sauce d'huîtres, poivrez-les généreusement et laissez-les mariner 15 minutes.
2. Rincez les pousses de bambou, égouttez-les et coupez-les en lamelles fines. Lavez les épinards, égouttez-les et ôtez la côte centrale. Lavez 1 citron vert, séchez-le et coupez-le en quatre quartiers. Pressez l'autre citron vert.
3. Faites chauffer l'huile dans le wok et faites-y rissoler les dés de viande à feu vif environ 2 minutes, en remuant constamment. Incorporez la pâte de curry, ajoutez les pousses de bambou et les épinards. Versez le sucre, 2 cuillerées à soupe de jus de citron vert et continuez la cuisson à feu vif 2 minutes en remuant.
4. Répartissez le stir-fry dans quatre coupes et servez avec un quartier de citron vert et du riz basmati.

Variante

Le stir-fry peut se préparer avec une autre viande, du bœuf par exemple. Ajoutez alors une note plus pimentée, avec 3 cuillerées à café de pâte de curry rouge.

Filet de porc
et marinade au citron vert

Réservez à des invités privilégiés ce filet mignon mariné dans un mélange à la fois fruité et épicé.

Ingrédients

1 poivron rouge

4 gousses d'ail · 1 citron vert

6 cuill. à soupe de sauce soja

8 cuill. à soupe de sauce de poisson

1 cuill. à café de poivre blanc moulu

15 cl de bouillon de viande

1 cuill. à café de Maïzena

500 g de filet de porc

1/2 botte d'oignons nouveaux

2 cuill. à soupe d'huile

Sel

200 g de nouilles udon (nouilles japonaises à la farine de blé)

Préparation

POUR 4 PERSONNES

1 Fendez le poivron en deux, épépinez-le, lavez-le et détaillez-le en dés. Épluchez l'ail et hachez-le finement. Pressez le citron vert. Mélangez dans un saladier la sauce soja, 4 cuillerées à soupe de jus de citron, la sauce de poisson, le poivre, le bouillon, la Maïzena, les dés de poivron et l'ail. Faites mariner le filet de porc dans cette préparation 30 minutes. Lavez les oignons et coupez-les en diagonale, en rondelles.

2 Préchauffez le four à 180 °C (th. 6). Faites chauffer l'huile dans le wok et faites-y revenir le filet de porc sur toutes ses faces. Réservez la marinade. Placez le filet de porc dans un plat allant au four et enfournez-le 10 minutes. Sortez-le du four, ajoutez la marinade et réenfournez 5 minutes.

3 Remplissez d'eau une grande casserole, salez et portez à ébullition. Jetez-y les nouilles et faites-les cuire en suivant les instructions figurant sur le paquet. Égouttez-les.

4 Sortez le filet de porc du four et coupez-le en tranches. Répartissez les nouilles dans quatre coupelles, recouvrez de tranches de porc, arrosez avec la sauce de cuisson et décorez avec les rondelles d'oignon.

Variante

Les nouilles udon, les préférées des Japonais, sont fabriquées avec de la farine de blé. Vous pouvez éventuellement les remplacer par des nouilles chinoises aux œufs.

Filet de porc
au chou de Milan

Ingrédients

500 g de chou de Milan

200 g de champignons shiitake

1 petit oignon

2 gousses d'ail

500 g de filet de porc

Sel · Poivre du moulin

3 cuill. à soupe d'huile

1 cuill. à café de gingembre moulu

1 cuill. à soupe de curry

10 cl de bouillon de viande

3 cuill. à soupe de sauce soja

1 cuill. à soupe de persil haché

Préparation

POUR 4 PERSONNES

1 Coupez le chou en deux et retirez les feuilles extérieures ainsi que le trognon. Lavez les deux moitiés et coupez-les en fines lamelles. Nettoyez les champignons et coupez-les en lamelles. Épluchez l'oignon et l'ail, puis coupez-les en petits dés.

2 Découpez la viande en lamelles à l'aide d'un couteau bien aiguisé. Salez et poivrez.

3 Faites chauffer l'huile dans le wok et faites-y revenir la viande à feu vif. Retirez la viande du wok et réservez-la au chaud.

4 Réduisez le feu et faites sauter successivement le chou de Milan, l'oignon, l'ail et les champignons en remuant. Assaisonnez avec le gingembre, le curry et le poivre. Mouillez avec le bouillon et la sauce soja. Laissez cuire puis incorporez la viande et le persil.

Bœuf sauté au xérès

Ingrédients

3 carottes

2 poireaux

100 g de céleri en branches

1 poivron rouge

200 g d'aloyau (viande de bœuf)

3 cuill. à soupe d'huile

8 cuill. à soupe de xérès

100 g de petits pois (surgelés)

2 cuill. à soupe de sauce soja

Sel · Poivre du moulin

1 cuill. à soupe de curry

1 cuill. à café de sauce hoisin

2 cuill. à soupe de persil haché

Préparation

POUR 4 PERSONNES

1 Parez et lavez les légumes. Coupez les carottes, les poireaux et le céleri en fines rondelles et le poivron en fines lamelles.

2 Découpez le bœuf en lamelles d'environ 1 cm de large à l'aide d'un couteau bien aiguisé.

3 Faites chauffer le wok et versez-y l'huile. Faites y revenir la viande environ 5 minutes à feu vif. Retirez la viande et réservez-la au chaud.

4 Baissez le feu et faites sauter successivement dans le wok les légumes préparés et les petits pois en remuant. Versez le xérès et assaisonnez le tout avec la sauce soja, le sel, le poivre, le curry et la sauce hoisin.

5 Laissez cuire les légumes encore 2 minutes environ. Salez et poivrez bien. Pour finir, incorporez les lamelles de bœuf et le persil haché. Mélangez. Servez ce bœuf sauté avec du riz basmati.

Bœuf
à l'orange

Les saveurs sucrées donnent le ton : miel et orange apportent une touche d'originalité et de douceur à ce plat de viande.

Ingrédients

100 g de riz basmati
2 oranges non traitées
2 oignons nouveaux
300 g de bœuf (rumsteck par exemple)
Sel · Poivre du moulin
2 cuill. à soupe d'huile de sésame
1 cuill. à soupe de sauce soja claire
1 cuill. à soupe de miel liquide

Préparation

POUR 4 PERSONNES

1 Rincez soigneusement le riz et faites-le cuire dans deux fois son volume d'eau salée, à couvert et à feu doux, 20 minutes. Maintenez-le au chaud.

2 Lavez 1 orange, séchez-la, prélevez le zeste avec un couteau zesteur et coupez-le très finement pour la décoration. Pelez l'orange à vif, détaillez-la en quartiers, ôtez toutes les peaux en récupérant le jus. Pressez l'autre orange et réservez le jus. Lavez les oignons, pelez-les et coupez-les en rondelles. Détaillez la viande en dés, perpendiculairement aux fibres. Salez-la et poivrez-la. Faites chauffer l'huile dans le wok et saisissez la viande environ 3 minutes à feu vif. Retirez les dés de viande et réservez-les au chaud.

3 Faites griller les rondelles d'oignon dans l'huile de cuisson de la viande. Ajoutez le jus d'orange, la sauce soja et le miel. Faites réduire la sauce jusqu'à ce qu'elle devienne sirupeuse. Salez et poivrez. Ajoutez les quartiers d'orange pelés à vif et les dés de viande, et réchauffez le tout. Servez sur le riz basmati, et décorez avec les rondelles d'oignon et les morceaux de zeste.

Astuce

Pour prélever un zeste d'agrume sans couteau zesteur, utilisez un petit couteau pointu. Prélevez un morceau de peau et coupez-le ensuite en lamelles très fines.

Salade thaïlandaise
au rosbif

Le bœuf, traditionnel en Extrême-Orient, est présenté ici accompagné d'une délicieuse salade délicatement épicée.

Ingrédients

700 g de rosbif
1 cuill. à soupe de beurre clarifié
300 g de salade mélangée (jeunes pousses d'épinards, germes de soja, poivrons, basilic thaïlandais)
2 piments rouges
1 gousse d'ail
6 cuill. à soupe de jus de citron
6 cuill. à soupe d'huile d'olive
1 cuill. à café d'huile de sésame
1 cuill. à café de sauce soja
1 cuill. à café de sauce de poisson
1 cuill. à café de sucre
1 cuill. à café de gingembre fraîchement râpé
Sel · Poivre du moulin
100 g de noix de cajou

Préparation

POUR 4 PERSONNES

1 Si nécessaire, parez la pièce de viande, retirez les tendons et la peau. Faites chauffer le wok et versez-y le beurre clarifié. Faites braiser la viande 20 minutes en la retournant plusieurs fois. Roulez-la dans une feuille d'aluminium et laissez-la reposer 5 minutes.

2 Nettoyez, lavez et essorez les ingrédients pour la salade. Coupez les gros légumes en morceaux de la grosseur d'une bouchée.

3 Partagez les piments et épépinez-les. Lavez et hachez finement la chair. Épluchez et hachez l'ail. Mélangez le hachis d'ail et de piment avec le citron, les huiles d'olive et de sésame, la sauce soja et la sauce au poisson. Saupoudrez de sucre et de gingembre, salez et poivrez. Arrosez la salade avec la moitié de cette vinaigrette.

4 Émincez le rosbif. Dressez la salade sur le plat, déposez les tranches de rosbif et arrosez-les avec le reste de vinaigrette.

5 Faites dorer les noix de cajou à sec, hachez-les et décorez la salade avec le hachis de noix de cajou.

Astuce

Les piments sont très forts, n'oubliez pas de vous laver les mains après les avoir coupés. Vous pouvez également assaisonner la salade avec du piment de Cayenne fraîchement moulu.

Bœuf

aux oignons nouveaux

Le bœuf mariné, servi avec des oignons nouveaux et du gingembre sur un lit de nouilles, forme un plat classique et léger.

Ingrédients

500 g de filet de bœuf
5 cuill. à soupe d'huile
2 cuill. à soupe de sauce soja
1/2 cuill. à café de poivre · Sel
1/2 botte d'oignons nouveaux
1/2 bouquet de coriandre
1 gousse d'ail
1 cuill. à café de gingembre râpé
4 cuill. à soupe de sauce d'huîtres
4 cuill. à soupe de vin de riz (ou de xérès)
200 g de nouilles fines à la farine de riz
2 cuill. à soupe de cacahuètes non salées, hachées

Préparation

POUR 4 PERSONNES

1 Détaillez le filet de bœuf en dés, perpendiculairement aux fibres. Mélangez dans un saladier 2 cuillerées à soupe d'huile, la sauce soja et le poivre. Incorporez-y les dés de viande, couvrez et laissez macérer environ 30 minutes.

2 Parez les oignons. Coupez les bulbes en quartiers et les tiges en tronçons d'environ 4 cm de long. Lavez la coriandre, séchez-la et effeuillez-la. Épluchez l'ail et hachez-le finement.

3 Allumez le gril du four. Huilez la plaque du four à l'aide d'un pinceau de cuisine trempé dans 1 cuillerée à soupe d'huile. Sortez les dés de viande de la marinade, égouttez-les et disposez-les sur la plaque. Glissez celle-ci sous le gril et faites griller la viande sur toutes ses faces.

4 Faites chauffer 2 cuillerées à soupe d'huile dans le wok et faites-y revenir les quartiers d'oignons, le gingembre et l'ail. Ajoutez la sauce d'huîtres et le vin de riz, et laissez mijoter 2 minutes à feu moyen.

5 Remplissez d'eau une grande casserole, salez et portez à ébullition. Versez-y les nouilles et faites-les cuire *al dente* en suivant les instructions figurant sur le paquet. Égouttez-les.

6 Répartissez dans quatre coupes les nouilles, le bœuf et la sauce. Parsemez de cacahuètes, et décorez avec les feuilles de coriandre et les tiges d'oignons.

Astuce

Si vous le pouvez, laissez la viande mariner plus longtemps, au réfrigérateur. L'arôme s'en trouvera exalté et la viande sera plus tendre.

Liste des recettes

Mentions

Titre original : *Wok*

pour l'édition originale :

ISBN : 978-2-2630-4229-4
Code éditeur : S04229/02
Suite du premier tirage
Dépôt légal : janvier 2007
Traduction : Anne Rambosson et Marie-Joëlle Tarrit
Adaptation-réalisation : ACCORD, Toulouse
Imprimé en Italie

Crédits

Couverture Hirondelle (1re de couverture) ; Walter Cimbal (4e de couverture, centre et bas) ; Jo Kirchherr (4e de couverture, haut)

Intérieur Walter Cimbal : 2-3, 9 centre et bas, 25, 29, 61, 67, 70-71, 87, 98-99, 115 ; Jo Kirchherr : 8, 9 haut, 10-11, 13, 15, 16, 19, 20, 23, 31, 32, 33, 35, 37, 38. 39, 41, 45, 47, 49, 53, 59, 62, 63, 69 ; StockFood/Chris Alack : 79, 90 ; StockFood/Klaus Arras : 21 ; StockFood/Bayside : 108, 117 ; StockFood/Uwe Bender : 81, 109 ; StockFood/Harry Bischof : 95 ; StockFood/Michael Boyny : 85 ; StockFood/Michael Brauner : 7 (2e à gauche en partant du haut) ; StockFood/Jean Cazals : 91, 113, 125 ; StockFood/James Duncan : 73, 111 ; StockFood/S. & P. Eising : 6 gauche, 42-43, 56, 57, 68, 75, 76, 83, 89, 93, 96, 97, 101 ; StockFood/Susie Eising : 1, 4-5, 26, 27, 50, 51, 65, 77, 104, 105, 112, 120, 121 ; StockFood/Luzia Ellert : 7 bas gauche ; StockFood/Gabula Art-Foto : 7 centre ; StockFood/Ulrike Köb : 17 ; StockFood/David Loftus : 127 ; StockFood/Joris Luyten : 123 ; StockFood/Kai Mewes : 103 ; StockFood/Minh & Wass : 7 (2e à gauche en partant du bas) ; StockFood/Snowflake Studios Inc. 55 ; StockFood/Maximilian Stock LTD : 6 droite, 7 haut gauche, 7 droite ; StockFood/Jan-Peter Westermann : 84, 107 ; StockFood/Frank Wieder : 119